FACULTÉ DE DROIT DE PARIS

DU POSTLIMINIUM

EN DROIT ROMAIN

ET

DES EFFETS DE L'ABSENCE RELATIVEMENT AUX BIENS

EN DROIT FRANÇAIS

THÈSE

POUR LE DOCTORAT

SOUTENUE PAR

F. ÉLIE DE BEAUMONT

AVOCAT DE LA COUR IMPÉRIALE DE PARIS

PARIS

TYPOGRAPHIE ET LITHOGRAPHIE RENOU ET MAULDE

RUE DE RIVOLI, 144

1859

FACULTÉ DE DROIT DE PARIS

DU POSTLIMINIUM

EN DROIT ROMAIN

ET

DES EFFETS DE L'ABSENCE RELATIVEMENT AUX BIENS

EN DROIT FRANÇAIS

THÈSE

POUR LE DOCTORAT

L'acte public sur les matières ci-après sera soutenu
Le Mardi 2 Août 1859, à onze heures,

Par M. J.-B. MARIE-FÉLIX ÉLIE DE BEAUMONT,
né à Versailles (Seine-et-Oise),
Avocat à la Cour Impériale de Paris.

Président : M. VUATRIN, Professeur.

Suffragants. MM. PELLAT, *Doyen*, OUDOT, DE VALROGER, Professeurs.

M. COLMET DE SANTERRE, Suppléant.

Le Candidat répondra en outre aux questions qui lui seront faites sur les autres matières de l'enseignement.

PARIS
TYPOGRAPHIE ET LITHOGRAPHIE RENOU ET MAULDE
RUE DE RIVOLI, 144

1859

À LA MÉMOIRE DE MON PÈRE

DROIT ROMAIN

DE CAPTIVIS ET POSTLIMINIO ET REDEMPTIS AB HOSTIBUS.

Digeste, livre XLIX, titre XV.

INTRODUCTION

L'état de citoyen romain se composait de trois éléments distincts, dont la réunion constituait ce que les jurisconsultes nommaient *status* ou *caput*.

Ces trois éléments étaient la liberté, la cité et la famille : la liberté, définie aux Institutes : « *Naturalis « facultas ejus quod cuique facere libet, nisi quid vi « aut jure prohibetur;* » (1) la cité, c'est-à-dire le droit de jouir de tous les avantages attachés à la qualité de citoyen romain; la famille, c'est-à-dire, dans l'ordre religieux, la participation à certains sacrifices (*sacra gentis*); dans l'ordre politique, la relation de patronage avec une clientèle plébéienne; dans l'ordre privé, la jouissance des droits d'agnation, de puissance paternelle, de tutelle, de succession.

Ces trois éléments, le citoyen romain pouvait les

(1) Inst., l. 1, tit. 3, p. 1, de jure personarum.

perdre; l'homme libre pouvait devenir esclave, soit dans les combats, *jure gentium*, soit au sein même de sa patrie, *jure civili;* il perdait en même temps la cité et la famille, il encourait la *maxima capitis minutio.*

Le citoyen romain pouvait perdre le droit de cité et devenir *peregrinus, hostis*; il dépouillait en même temps son droit de famille, encourait la *capitis minutio media.* Enfin, la perte de la famille (*minima capitis minutio*) n'altérait en rien la liberté et la cité; l'état de citoyen romain et celui d'homme libre subsistaient : on sortait d'une famille pour entrer dans une autre ou pour en commencer soi-même une nouvelle.

Nous n'avons pas à examiner ici les différents systèmes proposés sur le sens et l'étymologie de cette expression *capitis minutio.* Suivant Niebuhr, *caput* serait le chapitre ouvert aux citoyens sur les registres du cens. La *capitis minutio* serait donc un changement de chapitre. Suivant M. deSavigny, *capitis minutio* veut dire déchéance d'état. — On peut lui objecter : 1° la loi 3 princ. *de capite minutis* (1), d'après laquelle les enfants de celui qui se donne en adrogation sont *capite minuti :* il n'y a pas cependant pour eux déchéance d'état; 2° dans l'hypothèse où une fille de famille tombe *in manu mariti,* il n'y a pas non plus déchéance d'état; 3° en cas d'émancipation il y a, non pas déchéance, mais augmentation de la capacité, et cependant il est certain que l'émancipé subit la *minima capitis minutio.* — Enfin, une dernière explication don-

(1) Dig. IV, 5.

née par Hotoman et développée par MM. Ducaurroy et Ortolan, nous semble préférable : L'état de citoyen, dit-on, se compose de trois éléments : la liberté, la cité et la famille ; suivant que le citoyen est privé de l'un de ces éléments, on dit que dans la classe des hommes libres, des citoyens et des agnats, il y a une tête de moins. Dans le sens primitif, l'expression *capitis deminutio* devait donc s'appliquer à la classe qui perdait un de ses membres et non au membre lui-même; ce n'est que par une transposition d'idée qu'on l'a fait tomber sur ce dernier, et qu'on a pu dire qu'il était *capite minutus.*

Ces principes, nous avons dû les poser dès le début de cette étude : nous voulons examiner un point important de la législation romaine, et nous demander quelle influence exercent sur l'état et la capacité du citoyen, sa captivité chez l'ennemi. Nous examinerons à cette occasion les effets du *postliminium*, les dispositions de la loi Cornelia ; enfin nous nous demanderons quels sont les droits de celui qui a racheté un soldat fait prisonnier par les ennemis de Rome.

CHAPITRE Ier

DE POSTLIMINIO.

SECTION Ire. — DÉFINITION DU POSTLIMINIUM.

Le soldat romain devait vaincre ou mourir : s'il tombait au pouvoir des ennemis, il perdait à la fois la liberté, la cité et la famille ; il encourait la *maxima capitis minutio*. Rome, dans son orgueil, ne voulait pas permettre qu'une nation rivale pût se glorifier de retenir captif un citoyen romain. Mais lorsqu'après avoir brisé ses fers, le prisonnier rentre dans sa patrie, la loi, par une ingénieuse fiction, efface le temps de sa captivité. Cette fiction c'est le *postliminium*. En vertu du *postliminium*, l'état de citoyen romain captif chez l'ennemi était soumis à une véritable condition suspensive, celle de son retour. Tous ses droits sur ses biens, ses enfants, ses esclaves, n'étaient pas anéantis, mais suspendus: *Omnia jura civitatis in personam ejus in suspenso retinentur, non abrumpuntur* (1). Puis si la condition du retour s'était accomplie, il était en principe réintégré dans tous ses droits, et pour l'avenir et pour le passé : *Cetera quæ in jure sunt, posteaquam postliminio rediit,*

(1) Loi 32, § 1, de hered. inst. XXVIII, 5, D.

pro eo habentur ac si nunquam iste hostium potitus fuisset (1). — S'il mourait captif, d'après le droit strict, il n'eût pas été réputé mort dans l'intégrité de ses droits, puisqu'en réalité il était mort esclave ; mais la loi *Cornelia* décida que, par rapport à son testament, il serait considéré comme mort du jour où il avait été fait prisonnier. Cette disposition fut plus tard généralisée et étendue à toutes les parties du droit : *In omnibus partibus juris, is qui reversus non est ab hostibus quasi tunc decessisse videtur cum captus est* (2).

Le *jus postliminii* s'appliquait aussi à certaines choses tombées au pouvoir de l'ennemi. Si elles étaient recouvrées, elles revenaient à leur maître : ainsi, comme nous le verrons, les immeubles, les navires, les chevaux.

De là deux sortes de *postliminium* : le *postliminium* appelé par les commentateurs *actif*, par lequel le captif est rétabli dans l'intégrité de ses droits ; le *postliminium passif*, qui s'applique aux choses prises sur l'ennemi et revenues par une seconde capture au pouvoir de leur ancien maître. Le fils de famille fait prisonnier et rendu à sa patrie réunissait dans sa personne les effets de ce double *postliminium* : il rentrait sous la puissance du père de famille dont il était la chose et la propriété. Il recouvrait en même temps ses droits de famille et de cité : *Duplicem in eo causam esse postliminii quod pater eum reciperet, et ipse jus suum* (3).

Quant à l'étymologie du mot *postliminium*, on peut

(1) Loi 12, § 6, de capt. et post., XLV, 15, D.
(2) Loi 18, hoc titulo.
(3) Loi 14, hoc tit.

en donner une double. Justinien la trouve dans les mots *limes* (seuil et par extension frontière), et *post* (ensuite) : le captif revient au seuil de sa patrie (1).— Heineccius fait dériver le mot *postliminium* d'une tradition superstitieuse rapportée par Plutarque : le prisonnier de guerre échappé aux ennemis ne devait pas rentrer dans sa demeure en en franchissant le seuil, *per limen ;* il devait rentrer *post limen,* derrière le seuil, *per tegulas et impluvium.*

Terminons ces préliminaires en rapportant un texte de Paul qui résume à la fois les principaux caractères et donne les motifs de cette fiction du *postliminium* : « Postliminium est jus amissæ rei recuperandæ ab ex« traneo et in statum pristinum restituendæ, inter nos « ac liberos populos regesque moribus legibus consti« tutum. Nam quod bello amisimus, quod etiam citrà « bellum, hoc si rursus recipiamus dicemus postlimi« nio recepire. Idque naturali æquitate introductum « est, ut qui per injuriam ab extraneis detinebatur, « is, ubi in fines suos reduxit, pristinum jus suum re« ciperet (2). »

SECTION II. — QUELLES PERSONNES PEUVENT INVOQUER LE *JUS POSTLIMINII.*

En principe, celui-là seul peut invoquer le *postliminium*, que les ennemis ont fait prisonnier, et qui est parvenu à recouvrer sa liberté; peu importe de quelle

(1) Inst. 1, 12, § 5.
(2) Loi 19, princ., hoc tit.

manière il l'ait reconquise, *utrum dimissus ab hostibus, an per vim et fallaciam* (1); et plus généralement tout citoyen qui ne s'est pas volontairement livré à l'ennemi et qui revient à Rome avec l'intention de ne plus la quitter. Régulus, esclave des Carthaginois, et venant de la part de ses maîtres proposer au sénat romain la paix et l'échange des prisonniers, n'aurait pas invoqué le *postliminium* : il avait juré de reprendre ses fers à Carthage (2) !

De même à l'inverse, tout citoyen dont la restitution a été stipulée dans un traité de paix, s'il reste de sa propre volonté sur le sol ennemi, ne pourra, lorsqu'il reviendra plus tard, invoquer le *jus postliminii* (3).

Appliquant ces principes, nous refuserons donc avec les textes le *postliminium* :

1° A celui qui a déposé les armes sur le champ de bataille (4).

2° Au *deditus*, c'est-à-dire à tout citoyen livré aux ennemis par les féciaux, au nom du peuple romain. Il ne peut se prévaloir du *postliminium*, que si une loi ou un sénatus-consulte lui a rouvert les portes de la cité (5).

3° Au transfuge. Le transfuge, en effet, quel qu'il soit, doit être regardé comme un ennemi; qu'il déserte pendant la guerre ou pendant une trêve, qu'il passe

(1) Loi 26, hoc tit.
(2) Loi 5, § 3, hoc. tit.
(3) Loi 20, princ., hoc. tit.
(4) Loi 17, hoc tit.
(5) Loi 4, hoc tit.

même chez une nation avec laquelle Rome n'a signé aucun traité d'alliance : peu importe (1).

Toutefois il faut établir des distinctions. En premier lieu, la règle absolue que nous venons de poser ne s'applique pas à l'esclave transfuge ; il rentre à son retour sous la puissance de son maître, comme il y serait rentré s'il avait été pris fortuitement (2).

Quant au fils de famille, bien qu'il soit la propriété et la chose du *pater familias* tout aussi bien que l'esclave, s'il a été transfuge, il ne peut pas plus invoquer le *postliminium* pour recouvrer ses droits, que son père ne peut l'invoquer pour le faire rentrer en sa puissance. Paul nous en donne un motif tout empreint de fierté et de patriotisme : *Quia sic illum pater amisit quemadmodum patria, et quia disciplina castrorum antiquior fuit parentibus romanis quam liberorum caritas* (3).

En second lieu on se demande quelle sera l'influence du *postliminium* sur l'état du transfuge qui a été fait prisonnier, étant *statu liber*, c'est-à-dire, affranchi sous condition. Les textes résolvent la question par la distinction suivante : La condition sous laquelle lui avait été donnée la liberté ne s'accomplit-elle qu'après son retour, il devient libre et citoyen romain, car il était esclave à l'époque de son retour, et le *postliminium*, nous l'avons vu, a pour effet de rendre à l'esclave

(1) Loi 19, § 4 et 8.

(2) Loi 19, § 5. Aussi Paul, après avoir posé dans la loi 19, § 4, la règle : « Transfugæ nullum postliminium », prend soin de la limiter aussitôt : « Sed « hoc in libero transfugâ juris est. »

(3) Loi 19, § 7, hoc tit.

transfuge son ancien état. Que si, au contraire, c'est pendant la captivité de l'esclave que se réalise la condition sous laquelle le testateur l'avait affranchi, pourra-t-il, lorsqu'il aura été racheté, invoquer le *postliminium*, et dire : Je suis libre? Non, car notre fiction ne s'applique pas au transfuge. Mais alors quelle sera sa condition? L'héritier du testateur aura-t-il l'action en revendication? Pas davantage. Le *postliminium* ne fait retomber sous la puissance de leur ancien maître que les esclaves qui y seraient encore, s'ils n'avaient pas été au pouvoir de l'ennemi. Or, dans l'espèce, l'esclave transfuge était *statu liber*, la condition de sa liberté s'est accomplie : s'il était resté à Rome, il eût été affranchi ; son ancien maître ne peut donc le revendiquer. Si donc il a été racheté, il sera la propriété du *redemptor* ; s'il s'est évadé, il ne sera pas libre et citoyen romain, mais il restera au nombre des ennemis : *hostium numero videtur* (1).

Quant à celui qui avant d'être fait captif était esclave de la peine, et qui comme tel n'appartenait à personne, n'acquérait pour personne, pas même pour le fisc, sorti des mains de l'ennemi, il retombait dans son ancienne condition.

Enfin l'homme libre *redemptus* jouira du *postliminium* : *redemptio non jus postliminii mutat* (2). Il n'est pas un véritable esclave, il n'appartient au *redemptor*

(1) Loi 19, § 6, hoc tit.
(2) Loi 20, § 2, hoc tit.

comme nous le verons plus tard, qu'à titre de gage ; aussi, lorsqu'il sera affranchi de cette quasi-servitude, il reprendra tous ses droits de cité et de famille.

SECTION III. — A QUELLES CHOSES S'APPLIQUE LE POSTLIMINIUM.

Nous entendons ici parler du *postliminium* que les commentateurs appellent *passivum*.

Le § 17 *de divisione rerum*, aux Institutes, pose ce principe que Gaïus consacre aussi dans ses commentaires : *Ea quæ ex hostibus capiuntur, nostra fiunt* (1). De même, à l'inverse, les choses que Rome a perdues dans la guerre deviennent la propriété de l'ennemi capteur, mais le *postliminium* s'y applique. De là les décisions suivantes :

Immeubles. — En principe le territoire pris sur l'ennemi devient public : *Publicatur ille ager qui ex hostibus captus sit* (2) ; il devient *ager publicus*, propriété du peuple romain, distribué, administré au nom de la République : tantôt gratuitement assigné par lots aux vétérans ou à la plèbe, tantôt donné à ferme, à emphytéose, moyennant une redevance ; tantôt, enfin, envahi par les familles patriciennes qui en jouissent héréditairement sans acquitter aucun droit. Le *postliminium* vient déroger à ce principe, et le territoire conquis sur l'ennemi, et reconquis ensuite, sera restitué à son ancien propriétaire.

(1) Gaius, II, 69.
(2) Loi 20, § 1, hoc tit.

Objets mobiliers. — Le citoyen romain recouvre en général, par l'effet du *postliminium*, tout ce qu'il a perdu pendant la guerre : vaisseaux de guerre et de transport, chevaux; il ne recouvrera pas ses armes, car il n'a pu les perdre sans être déshonoré : *quod turpiter amittantur* (1).

Personnes soumises à la puissance du chef de famille. — Le fils de famille et l'esclave retombent, par l'effet *du postliminium*, sous la puissance paternelle et dominicale, avec cette différence signalée plus haut, que l'esclave, même transfuge, rentre sous la puissance de son maître, tandis que le père ne recouvre pas la *patria potestas* sur son fils transfuge. La même décision s'appliquera à la femme *in manu* (2), et à l'homme libre *in mancipio*.

Terminons sur ce point par une remarque : en règle

(1) Loi 2, § 1 et 2, hoc t.t.

(2) Le mari n'était pas le seul qui pût acquérir la *manus* sur sa femme : il arrivait souvent que celle-ci, pour échapper à la tutelle légitime de ses agnats, se vendait fictivement avec leur autorisation à un tiers (*coemptionem faciebat*), lequel acquérait ainsi sur elle la *manus*. Ce dernier ne pouvait l'affranchir, car l'émancipation ne dissolvait pas directement la *manus* ni la puissance paternelle, mais il la mancipait à une troisième personne qui acquérait sur elle le *mancipium*, l'affranchissait et devenait son tuteur fiduciaire. Nous connaissons encore deux applications de la *manus* conférée à un étranger : une femme avait des sacrifices onéreux à acquitter, elle se vendait à un vieillard qui acquérait la *manus* et l'universalité de ses biens, mais qui s'obligeait par le contrat *de fiducia* à transférer à la femme toute sa fortune, *titulo singulari* ; celle-ci n'en restait pas moins déchargée de l'obligation d'acquitter les sacrifices qui restait fixée sur la tête du vieillard. Enfin, nous dit Gaius (I, 115) : *Testamenti faciendi gratiâ fiebat coemptio.* Une femme ne pouvait tester, à moins qu'elle n'eût quatre enfants (*exceptis quibusdam personis*), ou qu'elle eût passé par la *manus* et le *mancipium*. Ce n'est pas du reste le lieu d'examiner le motif de cette règle, reproduite également par Cicéron dans ses Topiques.

générale, lorsqu'une chose mobilière a été prise sur l'ennemi, puis après avoir été par lui reprise, revient par une nouvelle capture en notre pouvoir, elle fait partie du butin et devient la propriété non du premier, mais du second capteur. *Quæ ex hostibus capiuntur, jure gentium statim nostra fiunt* (1), pourvu qu'elles aient été conduites *intra præsidia* (2). Au contraire, un prisonnier a été fait sur l'ennemi par Primus; Primus en devient propriétaire, *in præda est;* le prisonnier s'échappe, et est repris par Secundus: il devrait, en vertu de la règle énoncée plus haut, appartenir à Secundus; les textes nous disent au contraire qu'il retombera sous la puissance de Primus, le premier capteur (3). Cette décision ne doit cependant pas être donnée d'une manière trop absolue; il pourrait se faire qu'on fût convenu de rendre les captifs: dans ce cas, le droit du premier capteur est résolu par le traité de paix, et si par la suite le prisonnier est repris dans une nouvelle guerre, il n'y aura pas de *postliminium*, mais il appartiendra à celui qui s'en sera emparé.

Enfin le *postliminium* s'applique non-seulement aux choses qui étaient soumises à notre puissance, mais qui y eussent été soumises si elles n'étaient pas tom-

(1) Inst., de div. rerum, § 17.

(2) Loi 5, § 1, hoc tit. — Au moyen âge le capteur ne devenait propriétaire qu'après vingt-quatre heures. L'origine de cette règle est dans une vieille loi germanique aux termes de laquelle le gibier n'appartient au chasseur qu'après vingt-quatre heures de possession. Si la chose était reprise avant ce délai, elle n'avait jamais appartenu au capteur. Aujourd'hui la chose prise devient immédiatement la propriété du capteur. (Art. 2279. Code Nap.)

(3) Loi 28, hoc tit.

bées au pouvoir de l'ennemi. C'est ce que Paul décide très-explicitement dans l'hypothèse suivante : Primus a un fils Secundus prisonnier chez l'ennemi; il se donne en adrogation à Tertius qui l'émancipe. Secundus revient à Rome; bien qu'en fait il n'eût jamais été sous la puissance de l'adrogeant, il va néanmoins y tomber, car s'il n'avait pas été captif, il y eût été soumis par l'adrogation de son père Primus, *nam liberi patrem adrogatum sequuntur* (1).

SECTION IV. — DANS QUELLES CIRCONSTANCES PEUT-ON INVOQUER LE POSTLIMINIUM.

Le *postliminium* peut être invoqué pendant la guerre et pendant la paix. *In bello aut in pace competit* (2).

Et d'abord, pendant la guerre, pas de difficultés. Le citoyen ne devient prisonnier et n'a besoin du *postliminium*, que lorsqu'il a touché le camp ennemi : jusque-là il est demeuré citoyen romain ; que si, au contraire, il a été conduit dans les retranchements ennemis, et que, s'échappant, il retourne à Rome, il a le *postliminium*.

Pendant la paix le *postliminium* recevra aussi son application (3) ; à l'égard de ceux qui ont été faits prisonniers pendant la guerre, et dont il n'a été spécialement traité, la raison en est donnée par Servius : *Spem*

(1) Loi 13, hoc tit., Loi 3, princ., de capite minutis, IV, 5, D.
(2) Loi 5, princ. et § 1, hoc tit.
(3) Loi 12, princ., hoc tit.

revertendi civibus in virtute bellicâ, magis quam in pace Romani esse voluerunt (1).

Les textes nous citent encore à titre d'exemples deux cas dans lesquels le *postliminium* peut avoir lieu pendant la paix (2).

Enfin, lorsque les hostilités sont simplement suspendues par une trêve (*in induciis*), le *postliminium* n'a pas lieu davantage (3).

Toutefois, à cette règle il faut faire une exception. Le citoyen qui, se trouvant dans un pays étranger au moment où la guerre éclate, aurait été fait prisonnier, jouira du *postliminium*, qu'il revienne pendant la guerre, pendant la paix ou pendant une trêve, à moins que les traités n'aient décidé le contraire. On ne peut lui reprocher aucune faute : il a été réduit en servitude *suo fato*, par un effet de sa mauvaise destinée (4); il était chez un peuple ami, la guerre est déclarée, il est surpris, *deprehensus*.

Celui-là seul peut invoquer le *postliminium* qui a été fait prisonnier par les ennemis du peuple romain, *hostes quos veteres perduelles appellabant* (5). C'est-à-dire les

(1) Cette interprétation, qui est celle de Fabre et de Cujas, ne peut du reste se donner qu'en modifiant le texte de la loi 12, princip. Au lieu de lire : *De quibus nihil in pactis erat comprehensum*; il faut lire : *de quibus id in pactis*. Cette leçon s'accorde bien mieux avec le reste de la loi, et avec le motif qui est donné par Servius de cette décision. Pothier, au contraire, conserve le texte dans toute son intégrité.

(2) Lois 12, princ., et 5, § 2, hoc tit.

(3) Loi 19 § 1, hoc tit.

(4) Le texte porte *suo facto*; si l'on se résout à l'altérer, on est obligé, pour l'expliquer, de recourir à une interprétation assez bizarre mentionnée en ces termes par Pothier : « *Apud quos jàm hostes suo facto deprehandentur*, id « est apud eos qui non praeviâ indictione belli, sed re ipsâ et solo facto suo, « dum eos detinent, facti sunt. »

(5) Loi 234, de verb. signif., L. 16, D.

peuples auxquels Rome a déclaré la guerre par ses féciaux suivant les rites consacrés. Tout citoyen au contraire tombé aux mains des pirates et brigands, *latrones*, n'est pas leur esclave et n'a pas besoin d'invoquer le *postliminium*, lorsqu'il est rentré dans sa patrie (1). De même dans les guerres civiles, il n'y a pas de *postliminium*, car, dit Ulpien, *qui in alterutras partes discedunt vice hostium non sunt* (2). Au contraire, vis-à-vis des nations non alliées de Rome, alors même que la guerre n'était pas déclarée, le *postliminium* pouvait être invoqué, mais on se demandait s'il existait vis-à-vis d'un peuple allié. Cicéron répondait affirmativement : « Si quis apud nos servisset ex populo « fœderato seseque liberasset ac postea domum revenis- « set, quæsitum est ajud majores nostros, num is ad suos: « postliminio rediisset (3). » — Ælius Gallus, dit aussi . « Cum populis liberis, et cum fœderatis, et cum regibus « postliminium nobis est, ita uti cum hostibus. » Le jurisconsulte Proculus donne une décision contraire : « Non « dubito quin fœderati et liberi nobis externi sint, non « inter nos atque eos, postliminium esse (4) ». Ces mots *externi sint* signifient que ces peuples, quoique alliés de Rome, ne sont pas citoyens romains. Certains interprètes ont proposé de lire *non sint.* — Pothier explique ces solutions divergentes par une controverse existant *inter veteres*; l'opinion de Proculus aurait prévalu. —

(1) Lois 19, p. 2 et 24, hoc tit. — Loi 13, princ. Qui test facere possunt XXVIII, 1, D.
(2) Loi 21, § 1, hoc tit.
(3) De Oratore, livre 40.
(4) Loi 7, princ., hoc tit.

Cujas distingue trois sortes d'alliance : « Tria genera « fœderum . unum quum bello victis dicerentur leges, « alteram quum pares bello æquo fœdere in pacem « atque amicitiam venirent. » Dans ces deux premières hypothèses le *postliminium* peut être invoqué. « Tertium esse genus, quum qui hostes nunquam fuerint « ad amicitiam sociali fœdere inter se jungendam « coeant (1). » Ici au contraire il applique la décision de Proculus dans la loi 7 ; il n'y a pas besoin de *postliminium*.

SECTION V. — DES EFFETS DU POSTLIMINIUM QUANT AUX PERSONNES.

La loi, nous le savons, par une fiction toute puissante effaçait le temps de la captivité Le prisonnier était censé n'avoir jamais quitté sa patrie et avoir conservé l'intégrité de ses droits. *Retro creditur qui ab hostibus advenit in civitate fuisse* (2). Le jurisconsulte Tryphoninus établit fort clairement du reste la base de la distinction fondamentale que nous devons faire : *Quæ in jure sunt pro eo habentur ac si nunquam iste hostium potitus fuisset* (3). Et en effet, tout ce qui consiste pour le prisonnier dans la jouissance d'un droit est en suspens, et lui est acquis dès qu'il revient; tout ce qui consiste dans l'exercice d'un droit ou dans un fait lui est retiré et est perdu pour lui. *Facti autem causæ infectæ*

(1) Observationes, xi, 23.
(2) Loi 10, hoc tit.
(3) Loi 12, § 6, hoc tit.

nullâ constitutione fieri possunt (1). Nous allons appliquer ces principes aux diverses parties du droit.

§

1. *Mariage.* — Le prisonnier ne pouvait pendant sa captivité chez l'ennemi contracter de justes noces. Quant au mariage dans les liens duquel il était engagé avant sa captivité, si sa femme est restée à Rome, comme il n'y a plus de réunion de fait entre les époux, il est rompu, et ne peut être renoué que par un nouveau consentement itérativement formulé. *Non ut pater filium, iter uxorem maritus jure postliminii recipit, sed consensu redintegratur matrimonium* (2).

La femme du captif pouvait donc contracter une seconde union; mais devait-elle laisser expirer un certain délai avant de se remarier? C'était un point discuté entre les jurisconsultes romains. Plusieurs textes reconnaissent l'existence de ce délai. Paul parle d'un *constitutum tempus* (3). Julien nous dit aussi : *Generaliter definiendum est, donec certum est maritum vivere in captivitate constitutum, nullam habere licentiam uxores eorum migrare ad aliud matrimonium.* Donc aux termes de cette loi, la captivité ne dissolvait pas le mariage, il fallait que la femme demandât le divorce pour un autre motif. Le jurisconsulte continue : *Sin autem in incerto est an vivus apud hostes teneatur, vel morte*

(1) Loi 12, § 2, hoc tit.
(2) Loi 14, § 1, hoc tit.
(3) Loi 8, hoc tit.

prœventus, tunc si quinquennium a tempore captivitatis excesserit, licentiam habet mulier ad alias migrare nuptias, ita tamen ut bonâ gratiâ dissolutum videatur pristinum matrimonium (1). — Il nous semble avec Cujas que telle n'était pas la doctrine du droit romain; elle nous paraît bien plus nettement exprimée, au même titre *de divortiis et repudiis*, en ces termes: *dirimitur matrimonium divortio, morte, captivitate vel aliâ contingente servitute utrius eorum* (2). — Il faudrait donc voir dans ces mots: *post constitutum tempus* de la loi 8 *de captivis*, et dans ceux-ci: *si quinquennium a tempore captivitatis excesserit* de la loi 6 *de divortiis* des interpolations de Tribonien, qui aura sans doute voulu mettre ce délai d'accord avec celui pendant lequel la femme divorcée ne pouvait plus se remarier, et qui, d'après les constitutions impériales, avait été porté de un an et demi à cinq ans.

La femme du captif pouvait donc se remarier; si elle ne l'a pas fait, et qu'au retour de son mari elle y consente, une nouvelle union peut se reformer entre les époux: *consensu redintegratur matrimonium*. Si la femme refuse sans aucun motif plausible de renouer les liens rompus par la captivité de son mari, elle sera punie des peines du divorce (3).

(1) Loi 6, de divortiis et repudiis, XXIV, 2, D.

(2) Loi 1, de div. et rep.

(3) La femme qui avait divorcé perdait la dot et la *donatio antè nuptias*, elle ne pouvait avant deux ans contracter une nouvelle union: « Æquum est « enim eam interim carere connubio quo se monstravit indignam. » Si elle venait à enfreindre cette prohibition, elle était notée d'infamie. (Loi 8, § 4, de repudiis, V, 17, C. Const de Théodose et Valentinien.)

Par exception, l'affranchie qui avait épousé son patron ne pouvait se remarier quand celui-ci avait été fait prisonnier; les jurisconsultes pensaient que dans ce cas le mariage subsistait *propter patroni reverentiam*.

Il nous paraît donc constant que la captivité de l'un des époux dissolvait le mariage. Au contraire lorsqu'un citoyen romain était condamné à une peine entraînant la *maxima* ou la *media capitis minutio*, il fallait user de distinction : s'il était esclave de la peine, le mariage était considéré comme dissous; s'il était condamné à la déportation, le mariage n'était pas rompu, pourvu que le malheur du mari n'ait pas changé l'affection de la femme (1).

§

II. *Puissance paternelle.* — La puissance paternelle avec tous ses attributs était essentiellement inhérente au droit de cité. Aussi lorsqu'un citoyen est déporté, lorsque l'eau et le feu lui sont interdits, il perd son droit de puissance sur ses propres enfants, et s'il est lui-même fils de famille, le droit de puissance paternelle auquel il était soumis est anéanti. Au contraire, le père de famille échappé à la captivité est réintégré par l'effet du *postliminium* dans son droit de puissance; il aura la *patria potestas*, non-seulement sur les enfants qui y étaient déjà soumis avant la captivité, mais sur ceux qui sont nés pendant son absence à Rome, ou même

(1) Loi 5, de bonis damnatorum, XLVIII, 20, D.

chez l'ennemi. Les textes sont fort explicites sur ce point (1).

Nous savons que le fils de famille ne peut se marier sans le consentement du chef à la puissance duquel il est soumis; qu'arrivait-il lorsque celui-ci était incapable de manifester sa volonté? S'il était fou et furieux, on permettait à la fille de passer outre; quant au fils, on discutait : *super filio variabatur.* Justinien décida dans une constitution que le fils comme la fille pourraient se passer du consentement du chef de famille, en remplissant certaines formalités (2). Si le père avait été fait prisonnier, les enfants pouvaient après trois ans de captivité ou d'absence se marier, bien que la puissance paternelle ne fût pas dissoute et que le chef dût la reprendre à son retour (3).

Mais il était un autre attribut de la puissance paternelle à Rome, dont la combinaison avec les effets du *postliminium* a donné lieu à des questions délicates que nous devons indiquer.

Nous savons que le père de famille a le droit de faire accessoirement à son propre testament, le testament de son fils impubère, en d'autres termes, de faire une substitution pupillaire. Nous savons en outre que la substitution pupillaire, pour être valable, doit remplir les conditions suivantes; il faut:

1° Que le père fasse pour lui-même un testament valable dans lequel il institue ou exhérède son fils;

(1) Lois 23 et 25, hoc tit. D. — Loi 1, de postlim, VIII, 51, C.
(2) Inst., de nuptiis, princ., loi 25, de nuptiis, V, 4, C.
(3) Loi 12, § 3, hoc tit.—Lois 9, § 1, et 10 de ritu nuptiarum, XXIII, 2, D.

2° Qu'il fasse le testament de son fils au moment où il l'a sous sa puissance immédiate et que ce fils soit encore sous sa puissance quand mourra le père testateur;

3° Que le fils meure impubère *sui juris*, après le testateur.

Il est donc évident que, pour qu'une substitution pupillaire faite par un captif avant sa captivité soit valable, il faut qu'à son retour son fils soit encore sous sa puissance, et que, s'il est mort chez l'ennemi, le même fils ait été sous sa puissance à l'époque où il a été fait captif; car, en vertu de la loi *Cornelia*, il est réputé mort à cette époque.

Ces principes posés, et sachant d'une part que le *postliminium* a pour effet de rendre au père l'exercice de la puissance paternelle dont il a toujours conservé le droit entier, d'autre part que la loi *Cornelia*, par rapport au testament du captif mort chez l'ennemi, le considère comme ayant perdu ses droits, non par l'esclavage mais par la mort, nous pouvons essayer de résoudre les hypothèses suivantes qui nous sont présentées par les textes.

1° Primus a un fils impubère Secundus : il fait son testament et lui substitue Mævius; il est fait prisonnier et meurt chez l'ennemi, puis Secundus meurt à Rome. Mævius peut-il se prévaloir de la substitution? Non, disaient quelques jurisconsultes, elle n'est pas valable; le fils du testateur est devenu *sui juris* du vivant de son père, il faut appeler l'héritier légitime. Papinien, au contraire, invoquait la fiction de la loi *Cornelia* et disait : Le testateur est réputé mort au moment où il a été fait prisonnier; à ce moment il avait son fils *in potestate*, la substitution est donc nécessairement valable: *suas vires necessario tenet* (1).

2° Primus fait son testament, substitue à son fils impubère, Mævius, et meurt; puis l'impubère est fait prisonnier et décède chez l'ennemi : la substitution vaudra-t-elle? La raison de douter est celle-ci : la substitution vaudra si l'on applique la loi *Cornelia*. Or, dit-on, la loi *Cornelia* n'a pour objet que de continuer le testament fait par le captif, et l'impubère n'a pas faction de testament; donc il faudra appeler l'héritier légitime à sa succession. — On a décidé non sans difficulté que la substitution vaudrait. — L'impubère sera réputé mort au jour où il a été fait prisonnier, alors qu'il était encore *sui juris*. Aussi Papinien nous dit-il que le préteur doit respecter plutôt la volonté du père que celle de la loi, et donner au substitué des actions utiles contre l'hérédité (2).

3° Le père fait un testament avec substitution pupillaire, puis il est fait prisonnier; le fils impubère meurt à Rome durant la captivité de son père. *Quid* de la substitution? Il faut distinguer : si le père revient un jour, pas de difficulté; le fils sera décédé étant *alieni juris*, la substitution ne sera pas valable; si le père meurt chez l'ennemi, la loi *Cornelia* s'appliquera et le substitué pourra se prévaloir de la substitution (3).

4° Le père testateur et son fils impubère sont tous

(1) Loi 10, princ., hoc tit.
(2) Loi 10, § 1, hoc tit.
(3) Loi 11, princ., hoc tit.

deux faits prisonniers : le cas est prévu par deux textes assez difficiles à expliquer (1). — Ces deux lois disent que si le père et le fils auquel un substitué pupillaire a été donné meurent tous deux en captivité, le substitué ne peut pas venir; car, ajoutent-elles, il n'aurait droit qu'autant que le fils serait mort à Rome. Cette décision se comprend parfaitement dans le cas où le fils a été institué par son père; car, étant pris du vivant de son père et n'étant pas revenu, le fils n'a pu être héritier; le testament est *destitutum* faute d'héritier capable. Le substitué ne peut donc pas recueillir l'hérédité du fils en vertu d'un testament nul Pothier, qui ne prévoit que ce cas, dit pour écarter le substitué : Le fils a été pris du vivant de son père, lequel était encore chez l'ennemi; après la mort de ce père chez l'ennemi, le fils impubère y est mort aussi; il n'a pu recueillir l'hérédité de son père, puisqu'il n'était pas citoyen romain; donc, il n'a pas de biens. Alors, que viendrait demander le substitué pupillaire? Cette explication de Pothier ne nous paraît pas satisfaisante, pour deux raisons : 1° le fils peut avoir des biens personnels, car il a pu, dans l'intervalle qui s'est écoulé entre la prise de son père et la sienne, acquérir des biens, un legs, par exemple : le substitué pourrait donc venir demander quelque chose, quoique le fils n'ait pas été l'héritier de son père; 2° cette explication ne peut pas non plus s'appliquer dans le cas où le fils à qui a été donné un substitué pupillaire a été institué conjointement ou exhérédé par son père. Dans

(1) Loi 11, § 1, hoc tit., et loi 29, de vulg. et pup. subst. XXVIII, 6, D.

ces deux cas, suivant nous, si le substitué ne peut pas venir, ce n'est pas parce que le fils n'a pas pu recueillir l'hérédité paternelle, puisqu'il s'agit de biens pour lesquels il a été exhérédé; c'est parce que le testament du père qui contient la substitution est nul. Pourquoi est-il nul? Nous savons qu'une des conditions de la substitution pupillaire est qu'elle soit faite par un testament valable dans lequel le père institué a exhérédé son fils. Or, dans l'espèce, le fils impubère qui a survécu à son père n'a pas pu savoir s'il a été efficacement institué ou exhérédé, ce qui équivaut à une omission qui, d'après le droit civil, annule le testament. Cette explication a l'avantage de s'appliquer également au cas où le fils a été institué par son père et au cas où il a été exhérédé.

§

III. *Tutelle.* — La tutelle est, nous le savons, une institution de pur droit civil. Il est donc évident que la captivité soit du tuteur, soit du pupille, la faisait cesser. Mais il est aussi évident que le *postliminium* s'y appliquait. C'est ce que dit très-clairement Justinien : *Ab hostibus quoque tutore capto, ex his legibus* (1), *tutor petebatur : qui desinebat esse tutor, si is qui captus erat, in civitatem reversus fuerat, nam reversus recipiebat tutelam jure postliminii.* (2)

De même, si, à l'ouverture de la tutelle, celui qui à

(1) Les lois Atilia, Julia et Titia.
(2) Inst., de Atiliano tutore, § 2.

défaut de tuteur testamentaire se trouvait appelé par la loi, comme le plus proche agnat, comme patron ou *parens emancipator*, se trouvait captif de l'ennemi, son droit à la tutelle restait en suspens, et s'il revenait, il prenait les fonctions de tuteur.

Enfin nous verrons plus tard que le captif pouvait être institué héritier, mais l'institution était en suspens. De même, il pouvait être nommé tuteur testamentaire, car la règle en cette matière est celle-ci : *Testamento tutores hi dari possunt cum quibus testamenti factio est* (1). Seulement la nomination sera en suspens, comme l'eût été l'institution.

Il y avait donc cette différence entre le tuteur prisonnier de guerre et celui qui était sous le coup d'une condamnation. Le premier n'était privé de son droit que momentanément; le second était exclu à jamais des fonctions de tuteur.

§

IV. *Possession.* — Nous le savons, le *postliminium* ne s'appliquait pas aux choses de fait : *Facti enim causæ infectæ nullâ constitutione fieri possunt* : il sera donc sans influence sur la possession. Si donc le captif avait acheté, *a non domino*, et de bonne foi le *fonds Cornélien*, il était en train de l'usucaper; il est fait prisonnier, puis revient, le temps de l'usucapion accompli : il ne sera pas devenu propriétaire, parce que la possession est une chose de fait : *Quia certum est eum possi-*

(1) Loi 21, de test. tutelâ, XXVI, 2, D.

dere desiise (1). — *Possessio autem plurimum facti habet, causa vero facti non continetur postliminio* (2).

Mais un captif pouvait commencer à posséder pendant sa captivité. D'après les principes du Droit romain, si la possession pouvait être acquise *corpore alieno*, elle ne pouvait l'être *animo alieno*. A cette règle il y avait cependant plusieurs exceptions, dont nous ne devons ici relever qu'une seule.

Lorsqu'un esclave ou un fils de famille acquérait *ex peculiari causâ* la possession d'une chose, cette chose était acquise au maître. Papinien nous donne la raison de ce qu'il appelle un *jus singulare* (3). Ce *jus singulare* a été établi *utilitatis causâ*, on a voulu que le maître ne fût pas obligé de s'occuper à chaque instant des opérations que pourraient faire l'esclave ou le fils de famille placés à la tête d'un pécule : *ne cogerentur domini per momenta species et causas peculiorum inquirere*. Au fond l'*animus* du maître ne fait pas complétement défaut, mais est donné d'une manière générale : la constitution d'un pécule emportant, de la part du maître, l'intention d'acquérir en masse tout ce qui proviendra de la gestion de l'esclave sur les biens qui lui sont confiés : *Quia nostrâ voluntate intelligitur possidere qui ei peculium habere permiserimus* (4).

Appliquant ces principes, nous dirons que si le captif avait un esclave, et que cet esclave commençât à posséder pendant la captivité de son maître, celui-ci, de

(1) Loi 12, § 2, hoc tit.
(2) Loi 19, Ex quibus causis maj. IV, 6, D.
(3) Loi 44, § 1, de adq. vel amitt. poss. XLI, 2, D.
(4) Loi 1, § 5, de adq. vel amitt. poss., XLI, 2, D,

retour, pourrait continuer l'usucapion commencée par l'esclave *ex peculiari causâ*, ou l'invoquer si elle était achevée. Cette distinction est très-nettement exprimée par les textes, et notamment par la loi 29 à notre titre, dans laquelle Paul réfute l'opinion de Labéons qui s'exprimait ainsi : *Si postliminio rediisti, nihil dum in hostium potestate fuisti, usucapere potuisti.*

Mais on se demandait aussi si les héritiers du captif pouvaient invoquer, dans le cas où celui-ci est mort chez l'ennemi, l'usucapion par lui commencée avant sa captivité. Paul dit qu'on peut parfaitement soutenir la négative et il en donne cette raison : Si le captif était revenu, l'usucapion ne lui eût pas profité, elle ne peut donc profiter à ses héritiers ; mais après s'être posé cette objection, le jurisconsulte y répond ainsi : Si le captif était revenu, sans doute l'usucapion ne lui eût pas profité, parce qu'il aurait cessé de posséder de son vivant; mais s'il est mort chez l'ennemi, il est réputé mort du jour de sa captivité ; il n'a donc pas cessé de posséder de son vivant, l'hérédité jacente a possédé pour lui, a continué sa personne, l'usucapion a pu s'accomplir (1). Nous adoptons cette solution. La raison de douter était celle-ci : Ulpien pensait que la fiction de la loi Cornelia ne s'appliquait que quand il s'agissait de faire valoir le testament du captif, et de lui donner un héritier. Marcellus, au contraire, accordait à cette fiction une portée plus grande.

Nous résumant sur ce point, nous dirons : Le captif

(1) Loi 15, princ., de usuc. et usurp. XLI, 3, D.

ne peut jamais se prévaloir du *postliminium*, pour joindre à la possession qu'il avait avant sa captivité la possession nouvelle qu'il a recommencée lorsqu'il a brisé ses fers ; mais si une personne soumise à sa puissance a possédé pour lui et acquis par l'usucapion la propriété d'une chose appartenant à un autre, alors il peut invoquer cette possession, il est propriétaire de la chose.

§

V. *Institution d'héritier.* — La règle quant à l'institution d'héritier était celle-ci : Ne peuvent être instituées que les personnes avec qui le testateur a faction de testament. D'où il résulte que les pérégrins, les dedititces, les déportés ne peuvent être institués, car ils ne jouissent pas du droit civil (1). La faction de testament était un droit ; elle tombe sous l'application du *postliminium*, de telle sorte que le citoyen romain captif de l'ennemi et institué héritier, peut, s'il revient, invoquer cette institution et réclamer l'hérédité. *Is qui apud hostes est rectè instituitur, quia omnia jura civitatis in personam ejus in suspenso retinentur, non abrumpuntur* (2). La même règle régit le legs fait au captif : *Legari autem illis solis potest cum quibus testamenti factio est* (3).

(1) Quant aux *Latins-Juniens*, il ne leur manquait que le *jus capiendi*. (Ulp. Reg. XXII, 3.)

(2) Loi 22, § 1, de hered. inst. XXVIII, 5, D.

(3) Inst. § 20, de legatis.

§

VI. *Testament. Loi Cornelia.* — Pour qu'un testament soit valable, il faut que le testateur ait été capable à deux époques différentes : celle de la confection du testament et celle de la mort. La capacité d'exercer le droit n'est exigée qu'à la première de ces époques, mais le droit en lui-même est exigé à toutes les deux. Quant au temps intermédiaire, c'est-à-dire à celui qui s'écoule entre l'époque du testament et le décès du testateur, si pendant cet intervalle celui-ci a perdu momentanément une capacité qu'il aurait ensuite recouvrée, ce temps ne nuit pas. *Solemus dicere media tempora non nocere* (1). Aussi les textes consacrent-ils plus spécialement ce principe en ce qui concerne le captif de retour dans ses foyers : *Quatenùs diximus ab hostibus capti testamentum irritum fieri, adjiciendum est postliminio reversi vires suas recipere* (2).

Deux hypothèses sont à considérer : le prisonnier a fait un testament pendant sa captivité, il revient à Rome : il a fait un testament avant sa captivité, mais il meurt chez l'ennemi : quel sera dans les deux cas le sort de ce testament ?

1° Le captif a fait un testament *apud hostes.* Prisonnier des ennemis, le citoyen romain n'est chez eux qu'un esclave; dans cette situation il n'a plus aucun des droits attachés au titre de citoyen et de père de fa-

(1) Loi 6, § 2, de hered. inst. XXVIII, 5, D.
(2) Loi 16, § 12, de injusto, irrito, rupto testamento, XXVIII, 3, D.

mille. Le testament serait nul, même en cas de retour, *quamvis redierit* (1), et la fiction du *postliminium* serait ici impuissante, car il ne s'agit pas d'un droit, mais d'un fait, d'un acte accompli par le captif dans les fers.

Une constitution de l'empereur Léon est venue plus tard abroger cette règle du vieux droit romain, et permettre au captif de faire un testament valable : *Sanum ut dehinc captivi quæ ipsos à testando arcet, legi neutiquam obnoxii sunt* (2).

Quant aux codicilles faits *tempore captivitatis*, le même principe rigoureux n'était pas admis. Sans doute on ne les regardait pas comme confirmés par le testament que le prisonnier avait pu faire avant sa captivité; mais, *humanitatis ratione*, on les déclarait valables *quasi in medio nulla captivitas intercessisset* (3).

2° Un citoyen romain a fait un testament; il est fait prisonnier, il meurt chez l'ennemi : la servitude encourue par le testateur devrait infirmer le testament; il était mort n'ayant plus aucun droit. *Ejus qui apud hostes decessit*, dit Ulpien, *dici hereditas non potest quia servus decessit* (4). Telle fut en effet la rigueur de la législation romaine jusqu'à la loi *Cornelia de Falsis* appelée aussi *lex Cornelia testamentaria*. Cette loi date de l'an de Rome 686; elle fut rendue sous la dictature de Sylla. Elle introduisait une question criminelle contre

(1) Inst., quibus non permissum est, § 5.— Loi 8, qui test. facere possunt, XXVIII, 1, D.

(2) Leonis novella, XL.

(3) Loi 12, § 5, hoc tit., et loi 8, § 3, de jure codicellorum, XXIX, 7, D. Nec obstat loi 7, eod. tit.

(4) Loi 3, § 1, de verb. signif., L., 17, D.

les divers faux et principalement les faux en matière de testament. *Qui testamenta falsa scripserit, recitaverit, subjecerit, signaverit, suppresserit, amoverit, resignaverit, deleverit, pœnâ legis Corneliæ de falsis tenebitur, id est in insulam deportabitur* (1). La loi *Cornelia* prend soin de dire que toutes les peines qu'elle édicte seront applicables dans le cas même où le testament falsifié serait celui d'un captif mort chez l'ennemi; donc elle le reconnaît valable, supposant que le testateur n'a pas été fait prisonnier, mais est mort citoyen : *Perindè ac si hi qui ea (testamenta) fecissent in hostium potestatem non pervenissent, atque si in civitate decessissent*; d'où la conséquence que les hérédités, tutelles, legs, affranchissements, et toutes les autres dispositions contenues dans ce testament, se trouvent confirmées par ce que les jurisconsultes appellent *le bienfait de la loi Cornelia: beneficio legis Corneliæ*; et les commentateurs *la fiction de la loi Cornelia : Lex Cornelia confirmat* (2).

Les conséquences de cette fiction sont importantes à noter ; en voici quelques-unes :

Le captif a laissé à Rome un esclave, cet esclave a stipulé : l'héritier du testateur pourra invoquer le bénéfice de la stipulation, car le testateur étant réputé mort *ex die captivitatis*, l'esclave a stipulé pour une hérédité jacente, et nous connaissons la règle : *Hereditas*

(1) Paul (Sentences, livre IV, titre 7) a consacré un titre entier à cette loi. Le Digeste en traite également dans un titre à part.

(2) Sic Ulpien. Reg. XXIII, § 5.—Loi 6, § 12, de inj. rupt. test. XXVIII, 3. Julien, loi 12, qui test. facere possunt, XXVIII, 1.—Loi 28, de vulg. et pup. substit., XXVIII, 6, D.

jacens vicem defuncti sustinet, pourvu, bien entendu, que l'hérédité ne reste pas vacante, car cette fiction n'est admise que pour qu'il n'y ait pas solution de continuité entre la propriété du défunt et celle de l'héritier (1).

La loi 54 *de adquirenda vel amittenda hereditate* (2) admet une fiction inverse : l'héritier, à quelque époque qu'il fasse adition, est censé avoir succédé immédiatement au défunt: *hunc a morte defuncto successisse intelligitur*. Cette divergence s'explique pourtant, et la conciliation entre les deux textes est celle-ci ; la véritable règle est écrite aux Institutes : *Hereditas jacens sustinet personam defuncti* ; la fiction inverse n'a été imaginée que pour valider la stipulation suivante faite par l'esclave. *Spondes-ne dare decem heredi futuro?* D'après les principes, cette stipulation eût été nulle, l'esclave ayant stipulé pour tout autre que pour son maître, pour un étranger, *heredi futuro*. En supposant au contraire que, quand l'héritier aura fait adition, il sera réputé propriétaire de l'esclave du jour de la mort, on arrive par là même forcément à dire qu'il en était propriétaire au jour de la stipulation, et que valablement l'esclave a pu stipuler pour lui.

Donc, tout ce que l'esclave du prisonnier mort chez l'ennemi, et réputé décédé du jour de sa captivité, aura stipulé, sera acquis à l'héritier en vertu de deux fictions : celle de la loi *Cornelia* et la fiction *hereditas jacens*.

(1) Loi 73, § 1, de verb. oblig., XLV, 1, D.
(2) XXIX, 2, D.

De même si l'esclave du captif a été institué dans un testament ou a reçu un legs, il acquerra l'hérédité ou le legs à l'héritier de son maître par l'ordre duquel il fera adition.

Nous avons étudié plus haut les effets de droit produits par la loi *Cornelia*, en examinant la validité d'une substitution pupillaire faite par un citoyen qui était lui-même prisonnier, et dont le fils impubère avait été pris par l'ennemi (1).

Notons également la décision qui nous est donnée par la loi 24 de notre titre : Un citoyen romain est fait prisonnier ; il laisse à Rome sa femme enceinte, elle donne le jour à un enfant. Ce posthume a été omis dans le testament de son père ; le testateur meurt chez l'ennemi : son testament sera nul, *quia*, dit le jurisconsulte Julien, *eorum qui in civitate manserunt hoc casu testamenta rumpuntur*.

La fiction de la loi *Cornelia* s'appliquait-elle au testament militaire ? La raison de douter est celle-ci : le testament militaire est une prérogative accordée à une certaine classe de citoyens qui sont affranchis de toutes les dispositions rigoureuses et étroites du droit civil ; la fiction de la loi *Cornelia* a précisément été introduite pour éluder la rigueur des principes, elle ne peut être étendue hors de sa sphère. A cette objection il est facile de répondre : 1° par cette considération que si l'on n'observe pas les règles du droit dont l'inobservation pourrait faire tomber le testament militaire, lequel reste

(1) Lois 10 et 11, hoc tit.

valable même *sine scripturâ, ex solâ voluntate militis*, il est conforme à l'esprit général de la matière de lui appliquer toutes les dispositions qui pourront protéger sa validité ; 2° par un texte formel de Paul, qui s'exprime ainsi : *Dicemus legem Corneliam etiam ad ejus testamentum pertinere* (1). Le jurisconsulte, après avoir formulé cette règle, pose l'hypothèse suivante : Primus a un fils Secundus, *miles*, lequel est fait prisonnier et meurt chez l'ennemi ; il avait laissé à Rome un fils Tertius : l'aïeul Primus fait son testament, et meurt chez l'ennemi, mais après son fils ; il a omis son petit-fils Tertius. Le testament sera-t-il rompu? Oui, répond le jurisconsulte, car, en vertu de la loi *Cornelia*, le soldat est réputé mort *ex captivitate*, par conséquent avant son père ; le testateur avait donc un héritier sien qu'il a omis dans son testament.

Nous voyons par ces divers exemples que le principe de la loi *Cornelia* n'avait pas seulement pour but, en faisant rétroagir l'époque du décès, d'assurer la conservation du testament fait par le captif, mais qu'il s'appliquait par voie de conséquence aux tutelles et hérédités légitimes, de telle sorte que la succession du captif mort chez l'ennemi était réputée ouverte du jour de sa captivité, et que c'était le plus proche agnat à cette époque qui recueillait, d'après la loi des XII tables, l'hérédité et la tutelle. Paul le dit d'ailleurs fort explicitement : *Beneficio legis Corneliæ, quâ lege etiam legitimæ tutelæ hereditatesque firmantur* (2). Nous croyons,

(1) Loi 39, de testam. militis, XXIX, 1.
(2) Sentences, livre III, titre IV (A), § 8.

en un mot, qu'on a déduit de la loi *Cornelia* cette règle rapportée par Ulpien dans la loi 18 de notre titre : *In omnibus partibus juris, qui reversus non est ab hostibus, quasi tunc decessisse videtur cùm captus est.*

VII. *Acquisitions faites pour le chef de famille par les personnes soumises à sa puissance.* Rappelons en quelques mots les principes du droit sur ces acquisitions. Le *pater familias* peut acquérir par ses esclaves :

1° La propriété, si l'esclave a figuré dans une mancipation, si un legs lui a été fait, s'il a été institué héritier; dans les deux premiers cas, le maître acquiert *invitus et ignorans;* dans le troisième, l'esclave ne peut faire adition sans l'ordre du maître. La raison de cette différence est facile à concevoir : l'acquisition d'une hérédité comprenant, non seulement des biens, mais des charges, et l'esclave ne pouvant obliger son maître (1).

2° La possession. En principe le maître ne peut acquérir que l'élément corporel de la possession par son esclave; quant à l'intention, celle de l'esclave ne suffit pas, il faut que le maître ait connaissance de l'acquisition et veuille en profiter : *Animo nostro, corpore alieno possidemus* (2). Une exception avait été admise pour ce que l'esclave possédait *pro peculio* : le maître en acquérait, même à son insu, la possession.

3° Le bénéfice d'une stipulation. L'esclave stipule *ex*

(1) Le droit à une hérédité déférée à un esclave n'est acquis que par le maître qui donne le *jussus adeundi*, le droit au legs par le maître de l'esclave, *cùm dies cedit.*

(2) Loi 3, § 12, de adq. vel. amitt. poss., XLI, 2, D.

personâ domini; il peut obliger envers son maître, mais non pas obliger son maître envers autrui.

Ces principes sur l'acquisition de la propriété et de la possession s'appliquent à la femme *in manu*, et au fils de famille *in potestate*, mais avec les distinctions qui résultent des différentes espèces de pécules.

Lors donc qu'un captif revient *jure postliminii*, il reprend sur ses esclaves et sur ses enfants son droit de puissance; ce droit de puissance, il est censé ne l'avoir jamais perdu. En conséquence, il aura le bénéfice des acquisitions faites par eux pendant le temps de sa captivité.

Nous supposons qu'au lieu de revenir à Rome, il meurt captif de l'ennemi; nous savons qu'en vertu de la loi *Cornelia* et au point de vue de son testament, il est réputé mort *ex die captivitatis* : appliquerons nous la même fiction aux acquisitions faites par ses esclaves, et dirons-nous : Tout ce que le captif aurait recouvré par l'effet du *postliminium* sera acquis à ses héritiers? Telle est en effet la solution donnée par plusieurs textes, dont voici en substance les décisions :

Legata servis eorum præsenti die, vel sub conditione ad heredes captivi pertinebunt (1). — *Quod servus ejus qui ab hostibus captus est, posteà stipulatus est, hoc habebunt heredes ejus, quia et si captivitatis tempore decessisset, adquisitum foret heredi* (2).

(1) Loi 22, § 1, hoc tit.

(2) Loi 1, et loi 22, § 3, hoc tit. — En effet, le captif étant réputé mort *ex die captivitatis*, l'hérédité aura été jacente, et nous savons que tout ce que stipule l'esclave d'une hérédité jacente est acquis à l'hérédité, et par là même à l'héritier.

Quant aux acquisitions faites par le fils de famille, il faut distinguer plusieurs hypothèses.

1° Le fils du captif stipule ou reçoit un legs; son père meurt chez l'ennemi : il est réputé avoir été *sui juris*, du jour de la captivité; c'est donc à lui que sera acquis le bénéfice de la stipulation ou du legs.

2° Le fils du captif stipule ou reçoit un legs; le père revient, il profite de l'acquisition. La raison de cette différence entre les acquisitions faites par l'esclave et celles faites par le fils de famille est celle-ci : Il est certain que jamais l'esclave n'acquerra pour lui ce qui lui est légué, ou ce qu'il stipule pendant la captivité de son maître. Il restera toujours esclave, sous cette seule alternative : si le maître revient, il retombera sous sa puissance, et s'il meurt chez l'ennemi, il appartiendra à l'hérédité, puis à l'héritier. L'état du fils de famille au contraire est en suspens : *Status hominum quorum patres in potestate hostium sunt in pendenti* (1). Si leur père revient, ils n'auront jamais été *sui juris*, et s'il meurt chez l'ennemi, ils sont *patres familias*, du jour de la captivité. La conséquence sera donc celle-ci : tout ce qu'ils auront acquis dans l'intervalle par tradition, stipulation ou legs (2), leur restera, et cela même dans l'hypothèse où le captif aurait fait avant sa captivité un testament dans lequel il aurait exhérédé son fils, ou tout au moins institué pour partie un étranger. Le père meurt chez l'ennemi, son testament vaut en

(1) Loi 22, § 2, hoc tit.

(2) Que si le fils avait été institué héritier, il n'aurait pu profiter de cette institution, le *jussus patris* lui étant nécessaire pour faire adition.

vertu de la loi *Cornelia*, et néanmoins nous dirons que les acquisitions faites par le fils depuis la captivité de son père seront, non pour l'hérédité, mais pour lui seul, devenu *sui juris ex die captivitatis* (1).

La même décision est donnée par un autre texte (2) : Le fils du captif avait un pécule *castrans*; il meurt à Rome sans testament : à qui appartiendra le pécule (3) ? Si le père revient, il prendra les biens *jure peculii;* si le père au contraire meurt chez l'ennemi, le fils aura été réputé père de famille *ex die captivitatis* : le pécule ira à ses héritiers légitimes avec toutes les acquisitions qu'il aura faites *ex peculiari causâ : Nec heredi patris sed ipsi filio quæsita videbuntur.*

Remarquons en terminant que c'était un point discuté par les jurisconsultes contemporains de Gaïus, que de savoir si les enfants du captif mort dans les fers devenaient libres du jour de la mort réelle du père ou du jour de la captivité : *Si vero illic (apud hostes) captivus*

(1) Loi 12, § 1, huc tit.

(2) Loi 9, in fine de test. militis, XLIX, 17, D.

(3) Le fils de famille pouvait tester de son pécule *castrans et quasi castrans.* S'il était mort sans user de cette faculté, le pécule rentrait dans le droit commun, et le père de famille le reprenait, non par droit héréditaire, mais par droit de pécule, *non quasi hereditas sed quasi peculium* (lois 1 et 2 de cast. pec. D.), comme une chose lui appartenant par droit ancien (*jure antiquo*). Le père était même, par une sorte de *postliminium*, réputé avoir toujours eu la propriété du pécule, et les actes d'aliénation qu'il avait pu en faire, même antérieurement à la mort de son fils, devenaient valables : *Quod si intestatus decesserit filius, postliminii cujusdam similitudine pater antiquo jure habeat peculium, retroque videatur habuisse rerum dominia.* (Loi 19, § 3, de cast. pec.) Justinien, innovant, a décidé (Inst. II, 12, princ.) que les pécules *castrans et quasi castrans* ne feraient ainsi retour au chef de famille que si le défunt n'a laissé ni enfants, ni frères, ni sœurs : *Nullis liberis vel fratribus superstitibus.*

mortuus sit, erunt equidem liberi sui juris, an utrum ex tempore quo mortuus est apud hostes parens, an ex illo quo ab hostibus captus est dubitari potest (1). — Il est facile de saisir l'intérêt de la question, après les explications dans lesquelles nous venons d'entrer : si on considère les enfants comme *sui juris* depuis la captivité, tout ce qu'ils auront acquis à partir de cette époque est pour eux ; si on les considère comme *sui juris* seulement du jour de la mort de leur père, jusqu'à cette époque ils auront acquis pour le captif, et partant pour ses héritiers, s'ils ont été eux-mêmes institués pour partie ou exhérédés.— La question du reste a été tranchée après Gaïus : *Ex quo captus est, patres familiarum,* dit Tryphoninus : *In omnibus partibus juris,* dit Ulpien : *Quasi tunc decessisse videtur cùm captus est* (2). — Justinien, dans ses Institutes, formule le même texte comme incontestable (3).

§

VIII. *État des personnes.* — Comme nous l'avons vu plus haut, le captif reprend par le *postliminium* la puissance sur ceux qui lui étaient soumis, et à l'inverse, s'il était *alieni juris,* il retombe en puissance. Chacun, en un mot, recouvre l'état qu'il avait dans sa patrie avant sa captivité. et sa condition, quelle qu'elle soit, lui est restituée.

(1) C. I, 129.
(2) Lois 12, § 1 et 16, hoc tit.
(3) Instit. I, 12, 5.

Ainsi le déporté fait prisonnier par les ennemis et racheté sera de nouveau envoyé *in insulas;* la femme condamnée *in opus salinarum* retombe dans la condition de sa peine: seulement le fisc doit désintéresser le *redemptor* (1). — De même un homme est fait captif; il laisse sa femme enceinte, elle accouche d'un fils, lequel se marie par la suite et a des enfants; l'aïeul revient: il reprend sur ses petits-fils, comme sur son fils le droit de puissance paternelle, tout aussi bien que si l'enfant était né pendant qu'il était encore *in civitate* (2).

Enfin, une constitution de Sevère et Antonin, appliquant ces mêmes principes, a décidé que si les deux époux étant faits prisonniers, la femme donnait pendant la captivité naissance à un enfant, si les deux époux revenaient à Rome, l'enfant serait réputé né de justes noces, bien que la captivité dissolve le mariage; qu'au contraire, si le père étant mort, l'enfant revenait à Rome avec sa mère, il serait réputé *spurius*, né de père inconnu (3).

SECTION VI. — DES EFFETS DU *POSTLIMINIUM* QUANT AUX CHOSES.

Nous avons déjà passé en revue plusieurs cas, et ce sont les plus importants, dans lesquels peut être invoqué le *postliminium passivum*. Nous avons vu que l'esclave et le fils de famille retombaient, *comme choses*, sous la

(1) Loi 6, 12, § 15, et loi 16, hoc tit.
(2) Loi 23, hoc tit.
(3) Loi 25, hoc tit., D. L. 1, de Post. VIII, 51, C.

puissance de leur chef; nous avons signalé, quant au fils de famille, un texte dont la décision énergique indique bien le double effet que le *postliminium* produisait en lui lorsqu'il sortait de captivité. *Duplicem in eo causam esse postliminii et quod pater eum reciperet et ipse jus suum* (1). Nous nous bornerons à établir les règles qu'il faut suivre pour décider si une chose prise par l'ennemi, et reprise de rechef, revient en la puissance de son ancien maître. — Dès qu'elle se trouve hors de la puissance de l'ennemi et sur le territoire de Rome, ou sur un territoire ami, en quelques mains qu'elle se trouve le *postliminium* s'applique, à moins qu'elle ne soit aux mains d'une personne qui ne soit pas tenue de la restituer à son ancien maître, comme le *redemptor*, tant qu'il n'a pas été désintéressé; dans ce cas l'effet du *postliminium* reste en suspens.

Quant aux effets du *postliminium* appliqué aux choses, il est facile de les formuler en un mot. Le maître recouvre sa chose telle qu'elle était lorsqu'il l'a perdue. Si donc votre esclave, dont j'avais l'usufruit, a été fait prisonnier, mon usufruit ne peut plus s'exercer; mais il revivra si l'esclave revient *in civitate* (2), pourvu, bien entendu, qu'il n'ait pas été éteint par un mode ordinaire. — De même, si mon champ, grevé au profit du vôtre d'une servitude, après avoir été pris par l'ennemi revient en ma puissance, vous pourrez exercer de nouveau votre servitude.

Enfin, c'est par ce principe que s'explique la décision

(1) Loi 14, hoc tit.
(2) Loi 26, quib. mod. usufruct. amitt. VII, 4, D.

de la loi 19, § 6, à notre titre, que nous avons citée plus haut.

§

Terminons cet examen rapide des principaux effets du *postliminium* par une remarque : nous savons que le *postliminium* ne s'applique qu'aux choses de droit seulement, et nous avons vu les conséquences de cette règle, en ce qui concerne le mariage, l'usucapion et la possession. Les textes nous signalent encore un cas dans lequel le captif ne peut invoquer le *postliminium* : Un soldat a été fait prisonnier; pendant qu'il est captif, l'empereur distribue à ses troupes des largesses (*donativa*); de retour, le captif ne peut réclamer ni sa part des munificences impériales, ni les termes échus de sa solde (*stipendia*) (1).

(1) Loi 1, de re militari, xii, 30, C

CHAPITRE II

DE REDEMPTIS AB HOSTIBUS.

Le citoyen romain captif de l'ennemi peut reconquérir sa liberté par son industrie ou son courage ; il peut voir ses fers se briser par les efforts et le dévouement de ses compagnons d'armes ; il peut enfin être racheté à prix d'argent. Dans les deux premiers cas, il est restitué par le *postliminium* dans l'intégrité de ses droits (1) ; dans le troisième, il devient *redemptus* et se trouve soumis à une condition particulière dont nous devons étudier le caractère et les effets.

Lorsque Justinien nous dit au début de ses Institutes : *Summa itaque divisio personarum hæc est, quod omnes homines aut liberi sunt, aut servi* (2), cette formule est peut-être un peu trop absolue. Il existe, en effet, des états intermédiaires, et l'on peut citer à Rome des esclaves qui se rapprochent de la liberté (3),

(1) Receptos non captos judicare debemus. L. 12, de Postliminio, VIII, 51, C.

(2) Inst. I, 3, princ.

(3) Ainsi le *statu-liber* affranchi sous condition ne différait guère de l'esclave ordinaire, en ce sens que les enfants de la femme *statu-libera* naissaient esclaves ; que le maître du *statu-liber* pouvait en retirer tous les revenus et tous les fruits, le vendre, le donner, mais sa situation avait ceci de particulier qu'il ne perdait jamais le droit conditionnel qu'il avait à la liberté, en quelques mains qu'il passât. De même les esclaves affranchis en fraude des créanciers étaient *statu-liberi*, et même jouissaient en fait de la liberté, jusqu'à ce que les créanciers aient attaqué la manusmission. Enfin, les

comme il est des hommes libres dont la condition est voisine de l'esclavage. Nous pouvons citer à titre d'exemple :

1° Les hommes libres qui sont *in servitute* (1); leur esclavage est un esclavage de fait, mais ils conservent leur ingénuité ; celui qui les possède acquiert par eux, comme par un esclave dont il aurait l'usufruit (*ex re suâ et ex operis servi*); s'ils revendiquent leur liberté, c'est à eux qu'incombe le fardeau de la preuve.

2° Les hommes libres *in mancipio*, qui ne perdaient pas non plus l'ingénuité, quoiqu'ils fussent dans un état analogue à l'esclave.

3° Le débiteur récalcitrant adjugé à son créancier, *addictus*.

4° L'*auctoratus*, c'est-à-dire celui qui s'était engagé à combattre au cirque. Gaïus nous fait remarquer que le maître de l'*addictus* et de l'*auctoratus* avaient l'action *furti* à leur sujet (2).

5° Le *redemptus*, dont nous devons seulement nous occuper. Le *redemptus* était un citoyen romain fait prisonnier et racheté par un autre citoyen, lequel se propose non pas de lui faire une libéralité, mais de rentrer dans ses déboursés; de telle sorte que jusqu'à ce que le *redemptor* soit désintéressé d'une manière complète,

esclaves affranchis par fidéicommis étaient dans une position fort analogue à celle des *statu-liberi*. L'héritier ne pouvait les vendre, et s'il le faisait, ils pouvaient le forcer à les racheter, afin d'être affranchis par lui et non pas par un autre. (Loi 15, de fideic. lib. XL, 5, D.

(1) Inst., § 1, de ingenuis.

(2) G III, 100.

il a le droit de conserver en sa possession le *redemptus loco pignoris* (1).

Nous nous demanderons successivement quelles conditions doivent être remplies pour acquérir le *jus redemptoris*, quelle est sa nature et ses effets, et comment il prend fin.

SECTION Ire. — NATURE DU DROIT DU *REDEMPTOR* ET CONDITION DU *REDEMPTUS*.

Le *jus redemptoris* n'appartiendra qu'à celui qui, mû par un esprit de spéculation, a racheté les captifs dans le but de rentrer dans ses déboursés, et jusque-là, d'avoir un droit de gage sur le prisonnier racheté. Aussi nous ne nous étonnerons pas de voir les empereurs Dioclétien et Maximin refuser positivement le *jus pignoris* à une mère qui a racheté son fils : *Non de mercede sed de tristitiâ repudiandâ cogitatur* (2). A cette première condition s'en joint une seconde : il faut que le *redemptor* ait réellement payé la rançon, que les captifs soient *commercio redempti ;* s'il parvient, sans bourse délier, à les rendre à la liberté, il n'acquiert aucun droit sur eux. Une autre constitution des mêmes empereurs décide en ce sens que tout captif remis purement et simplement par les barbares au préfet des légions *sine ullo*

(1) Au moyen âge, le prisonnier de guerre était également regardé comme un gage de rançon. Le capteur pouvait le vendre à un tiers qui acquérait la créance de rançon. Seulement il y avait cette différence avec le droit romain, que si la rançon était payée par l'un des concitoyens du captif, celui-ci n'acquérait pas un droit de gage sur la personne du prisonnier ; il n'avait qu'une créance ordinaire pour rentrer dans ses déboursés.

(2) Loi 17, de postlim., VIII, 51, C.

contractu sera immédiatement réintégré dans ses droits et jouira du *postliminium* (1).

Le *redemptor* n'acquiert pas toujours, sur le captif qu'il a racheté, les mêmes droits ; il faut à cet égard user de distinction.

§

I. — *La personne rachetée est libre et ingénue.*

Si la personne rachetée est libre et ingénue, elle conserve sa liberté et son ingénuité, et devient seulement le gage du *redemptor*, *quoad exsolvatur pretium* (2). De là, les conséquences suivantes :

1° Une femme ingénue a été rachetée; pendant qu'elle était chez le *redemptor*, elle donne le jour à un enfant : cet enfant, fût-il né du commerce de sa mère avec un esclave, sera ingénu : *Origini ingenuitatis matris juxtà ea quæ benignè placuerunt reddi convenit* (3).

2° Le *redemptus*, quoique n'étant pas encore réintégré dans la jouissance de ses droits de citoyen, peut néanmoins acquérir pour lui-même et se procurer sa rançon ; il peut même, par une exception toute de faveur aux principes rigoureux qui exigent que l'héritier soit capable lors de l'ouverture de la succession, revendiquer les hérédités qui lui seraient dévolues (4).

3° Si le *redemptor*, au lieu d'exiger la rançon, dé-

(1) Loi 5, de postl., C.
(2) Loi 2, de postl., C.
(3) Loi 16, hoc tit., C.
(4) Loi 15, hoc tit., C.

clare renoncer purement et simplement à son *jus pignoris* et exonere le *redemptus*, celui-ci ne deviendra pas l'affranchi du *redemptor;* il ne sera tenu à son égard d'aucune des obligations de l'affranchi envers son patron; il sera rétabli dans sa condition d'ingénuité (1).

L'homme libre *redemptus* ne perdait donc pas son ingénuité; il était *in servitute* sous la condition que le prix de sa rançon sera acquitté; cette condition, il peut la remplir lui-même à quelque époque que ce soit; elle peut être acquittée par un tiers.

Le droit du *redemptor* est limité à la personne et à la chose rachetée. Comme conséquence de ce principe, nous remarquerons que si la femme *redempta* accouche pendant qu'elle est *loco pignoris*, son enfant sera affranchi du *jus redemptoris*. Ainsi l'a décidé une constitution de Dioclétien : *Non pignoris vinculo ob pretium quod pro his datum non est teneri visum est* (2).

Ce droit de rétention accordé au *redemptor* sur la personne de l'homme libre qu'il a racheté est formellement consacré par les textes. La liberté individuelle était garantie à Rome par un interdit particulier qui avait pour but d'empêcher qu'un homme libre ne pût être détenu par qui que ce soit. Cet interdit était ainsi conçu : *Quem liberum dolo malo retines, exhibeas* (3); il était perpétuel, donné à tout le monde, et contre tous ceux qui retenaient injustement l'homme libre. Le *redemptor* n'était pas de ce nombre et n'était soumis à

(1) Loi 15, hoc tit., C.
(2) Loi 8, hoc tit., C.
(3) Loi 1, de libero homine exhibendo, XLIII, 29, D.

l'interdit que dans deux cas : 1° s'il persistait à retenir le *redemptus loco pignoris* après avoir été désintéressé ; 2° s'il refusait d'accepter le prix qui lui était offert (1).

Il peut être intéressant de rapprocher de la condition du *redemptus*, celle du débiteur qui, faute de pouvoir payer sa dette, était adjugé à son créancier.

L'homme autrefois pouvait aliéner sa liberté : *Servi in dominium nostrum rediguntur jure civili, si quis se major viginti annis ad pretium participandum venire passus est* (2); il pouvait aussi se mettre lui même en gage, et Paul nous enseigne que celui qui s'est donné en gage avec connaissance de cause, ne peut briser son engagement: *Denegatur ei ad libertatem proclamatio* (3). Lorsqu'un débiteur avait épuisé ses ressources, pour payer ses créanciers, alors il obligeait son corps et soldait avec ce gage vivant une dette écrasante. Cette progression de la dette, dit M. Troplong, semblable à un ulcère, ronge d'abord le patrimoine du débiteur et pénètre ensuite jusqu'à son corps (4). Le débiteur qui se donnait ainsi à ses créanciers, et lui engageait, comme un esclave, ses travaux jusqu'à parfait paiement, s'appelait *nexus*. Bien qu'il fût *capite minutus*, bien qu'il fût entré par l'émancipation, lui, sa famille, et ses biens, dans le patrimoine de son créancier, il conservait vis-à-vis de la société sa qualité d'homme libre ; vis-à-vis du créancier seulement, il était esclave ou plutôt *in ser-*

(1) Loi 3, § 3, de lib. hom., D.

(2) Loi 5, § 1, de statu hominum, I, 5, D.

(3) Loi 23, § 1, de liberali causâ, XL, 12, D.

(4) Traité de la contrainte par corps, préface.

vitute (1), soumis aux plus rudes travaux, aux plus durs traitements : *Ductus a creditore non in servitium sed in carnificinam* (2); seulement son maître ne pouvait le vendre : enfin quand il avait acquitté sa dette, il était *dissolutus*.

Un homme libre pouvait encore, à Rome, être réduit *in servitute, pignoris loco*, d'une autre manière. On ne connaissait pas dans l'origine l'expropriation forcée. Lorsqu'un débiteur refusait d'affecter ses biens au paiement de ses dettes, le créancier ne pouvait s'emparer directement de son patrimoine; il fallait d'abord qu'il fît entrer la personne dans son domaine quiritaire; il recourait pour cela à la procédure *per manus injectionem* (3), quand le débiteur refusait de s'engager volontairement par le *nexum*. Avec le temps, et grâce à l'influence prétorienne, cette procédure barbare s'adoucit. Le préteur introduisit la *bonorum venditio*, qui permettait d'agir directement contre les biens; mais il laissa subsister l'exécution corporelle, faisant justice du

(1) Aliud servum esse, aliud servire, dit Tite-Live, II, 26.

(2) Tite-Live, II, 23.

(3) Voici en résumé la marche de cette procédure : quand le débiteur avait reconnu la dette, et qu'un jugement l'avait condamné à la payer, il avait trente jours pour satisfaire à sa créance. A l'expiration de ce délai, s'il n'avait pas payé, il était traîné devant le magistrat, qui attribuait au créancier la propriété de sa personne et de ses biens (loi des Douze Tables, tab. 2); dès lors il est soumis aux plus rigoureux traitements, mais il n'est pas encore esclave; il peut, pendant soixante jours, transiger avec son créancier ou se constituer *nexus*. Le créancier l'expose alors sur le Forum, et si personne ne s'offre pour le délivrer, il peut le faire mettre à mort ou le transporter, *trans Tiberim*, et le vendre comme esclave. D'après la loi des Douze Tables, *l'addictus* est en effet esclave de fait et de droit du créancier, sa personne est radicalement éteinte, le créancier a sur lui le *jus abutendi* dans toute sa plénitude, puisqu'il peut le vendre et le faire mettre à mort.

matérialisme qui, dans l'ancien droit, identifiait la personne avec la chose. Aussi à l'époque classique nous voyons que les jurisconsultes regardent *l'addictus* comme libre de nom, et esclave de fait, ne l'appelant pas *servus*, mais disant qu'il est *in servitute*. Gaïus (1) n'hésite pas à le ranger parmi les hommes libres; en fait sa condition est assimilée à celle de l'esclave; sa capacité était aussi la même, car Ulpien nous dit qu'il ne pouvait rien acquérir pour lui-même par la possession (2); enfin *l'addictus*, lorsqu'il avait satisfait son créancier, redevenait *ingenuus* et non *libertinus*. L'esclave ne peut être affranchi malgré son maître. *L'addictus* redevient libre en payant sa dette, quand même le créancier ne l'aurait pas voulu; l'esclave était esclave sans condition, *l'addictus* ne servait que sous la condition de retour à la liberté, *quem lex servire donec solverit jubet* (3).

Qu'on nous pardonne cette digression : nous avons voulu établir quelle était une situation juridique qui offre avec celle du *redemptus* une certaine analogie. Comme le *nexus* et *l'addictus*, le *redemptus* restait ingénu; il ne subissait même pas de *capitis minutio;* comme eux, lorsque le *jus redemptoris* était dissous, il reprenait son ingénuité; comme eux il n'était pas esclave, mais seulement *in servitute*. Mais voici la différence : le débiteur *nexus ou addictus* était en faute; il

(1) C III, 199, liberorum virorum furtum fit, velut si judicatus meus subreptus fuerit.

(2) Loi 23, princ., ex quibus causis maj., IV, 6, D.

(3) Quintilien Inst. orat., VII, 3.

n'avait pas payé la dette à échéance, il subissait la peine de sa mauvaise foi; ce motif explique et les dispositions si rigoureuses de la loi des XII tables qui permettait au créancier du *nexus* de le mettre à mort, de couper son corps en morceaux, de s'en partager les restes sanglants, et les traitements sévères auxquels était soumis *l'addictus*. Le *redemptus*, au contraire, quoique travaillant pour le compte du *redemptor* devait être traité avec ménagement. Il fallait respecter sa dignité d'homme libre. Aussi voyons-nous une constitution de Dioclétien flétrir la conduite d'une femme qui, en ayant racheté une autre, la livrait à la prostitution. L'empereur déclare éteinte la créance de rançon, *cum hujusce modi persona indigna sit pretium recipere propter odium detestabilis quæstûs, etiamsi pretium compensatum non est* (1). Le *nexus* ne pouvait être vendu par son maître; le *redemptor*, au contraire, pouvait vendre le *redemptus*, et céder ainsi la créance qui reposait sur sa tête. Enfin, avons-nous dit, *l'addictus*, quant à la capacité, était assimilé à l'esclave et ne pouvait rien acquérir par lui-même; le *redemptus*, au contraire, pouvait réclamer les successions qui s'ouvraient à son profit et les employer à se libérer envers le *redemptor*. Remarquons en terminant que lorsque le *redemptus* n'est plus au pouvoir du *redemptor*, il reprend, par l'effet du *postliminium*, tous ses droits restés en suspens durant sa captivité. *Redempto facultatem redeundi præbet, non jus postliminii mutat* (2).

(1) Loi 7, de postlim., C.
(2) Loi 20, § 2, hoc tit., D.

§

II. — *La personne rachetée est un esclave.*

Le principe est celui-ci : l'esclave racheté devient immédiatement la propriété du *redemptor*, *protinùs est redimentis*, et cela, quand même il connaîtrait le véritable propriétaire de l'esclave, *quamvis scientis alienum*. Cette propriété de l'esclave racheté reste fixée sur la tête du *redemptor*, jusqu'à ce qu'il ait été désintéressé par le véritable maître de l'esclave qui reprend alors son esclave, *jure postliminii* (1).

Mais le *redemptor*, propriétaire de l'esclave, l'affranchit. Quel va être l'effet de cette *manumission?* L'esclave redeviendra-t-il libre ou bien retombera-t-il en puissance de son ancien maître? Le jurisconsulte Tryphoninus discute assez longuement cette question dans la loi 12, § 9, à notre titre. Il commence par poser l'hypothèse suivante : Un esclave prisonnier est affranchi chez l'ennemi; son ancien maître le trouve dans l'intérieur d'un camp romain; il reprend sur lui son droit de puissance, encore que l'esclave eût l'intention bien formelle de rester chez l'ennemi (2). Mais la solution sera-t-elle la même, s'il s'agit d'un esclave affranchi par le *redemptor?* Non, l'esclave sera libre. Pourquoi ne pas permettre au *redemptor*, propriétaire de

(1) Loi 12, § 7, hoc tit.

(2) Nous savons, au contraire, que l'homme libre ne peut invoquer le *jus postliminii* que s'il est décidé à ne plus retourner *apud hostem*, *quia de suâ quâ civitate cuique constituendi facultas libera est, non re dominii jure*. (Loi 12, § 9, hoc tit.)

l'esclave, de faire directement ce qu'inévitablement il pourrait faire d'une manière indirecte? Au lieu d'affranchir lui-même l'esclave, ne pourrait-il pas le vendre à un acheteur de bonne foi, qui l'acquerra par l'usucapion, et l'affranchira ensuite très-valablement?

Le *redemptor* ne pourrait néanmoins pas affranchir l'esclave *redemptus*, si un obstacle temporaire ou même perpétuel s'opposait à la liberté de cet esclave; si, par exemple, il avait été vendu sous la condition de ne pas être affranchi pendant un certain temps, ou si la liberté lui était refusée, parce qu'il avait contrevenu aux dispositions de la loi *Favia* (1). L'affranchissement fait par le *redemptor* n'aurait, dans ce cas, pour unique effet que d'anéantir le *jus pignoris*.

Nous savons que le maître d'un esclave peut, dans son testament, lui laisser la liberté directement ou par fidéicommis. La liberté directe ne pouvait être donnée par le testateur qu'à son esclave; la liberté fidéicommissaire pouvait être même léguée à l'esclave d'autrui. En principe, pour qu'un esclave pût recevoir la liberté directe, il fallait qu'il fût sous la puissance du testateur au moment du testament, et au moment de la mort (2). Cependant la fiction du *postliminium* s'appli-

(1) Loi 12, § 7, hoc tit. — La loi *Favia* ou *Fabia*, dont l'origine nous est inconnue, mais qui est antérieure à Cicéron (car cet orateur en fait mention dans une de ses harangues), punissait de peines sévères toute personne qui aurait de mauvaise foi recélé, vendu ou donné non-seulement un citoyen romain, mais l'esclave d'autrui. Si le coupable est un esclave, et qu'il ait agi à l'insu de son maître, il est condamné aux mines. Les Institutes (IV, 18, 20); Paul (Sentences, V, 30, B), et la Collatio legum Mos. et Rom., (14, § 3, fr. d'Ulpien), font mention de cette loi.

(2) Loi 35, de manum. test., XL, 4, D.

quait ici et pouvait être invoquée par l'esclave échappé à la captivité. C'est ce qu'indique Ulpien en ces termes : *Si servi qui apud hostes sunt, ad libertatem perveniunt quamvis neque testamenti, neque mortis tempore, testantis, sed hostium fuerunt* (1). Que si, au contraire, la liberté avait été léguée à l'esclave par fidéicommis, dans ce cas, si l'esclave est à un autre, l'héritier doit l'acheter et l'affranchir; et si le propriétaire se refuse à le vendre, l'effet du fidéicommis est différé : *Non statim extinguitur fideicommissaria libertas, sed differtur* (2). Si donc l'esclave affranchi par fidéicommis est un *redemptus*, il ne peut réclamer sa liberté que lorsque le *redemptor* aura été désintéressé, *nisi satisfecerit* (3). Pourquoi serait-il mieux traité que l'homme libre qui reste soumis au *redemptor* jusqu'à ce qu'il ait acquitté le prix de rachat?

La propriété du *redemptor* sur l'esclave est une propriété éminemment résoluble. Le maître, avons-nous dit, peut la faire cesser en lui remboursant le prix d'acquisition. Cette propriété pourrait-elle devenir incommutable? Une distinction est nécessaire : si le *redemptor* a connu le véritable propriétaire, sans doute l'esclave racheté lui appartient : *Protinùs est redimentis quamvis. scientis alienum ;* mais le premier propriétaire a toujours le droit de recouvrer l'esclave, *offerendo pretio*. Si le *redemptor*, au contraire, était de bonne foi, c'est-à-dire, s'il ignorait si l'esclave avait appartenu à

(1) Loi 30, de man. test., XL, 4, D.
(2) Inst. II, 24, 2.
(3) Loi 12, § 14, hoc tit., D.

un citoyen romain, il pourra après le temps voulu invoquer l'usucapion à l'encontre du véritable propriétaire, et lui enlever ainsi la faculté de reprendre l'esclave, même en le désintéressant : sa propriété deviendra incommutable. L'usucapion n'a pas ici, comme on pourrait le croire, et comme on l'a dit, pour effet de faire acquérir au *redemptor* la propriété de sa propre chose : *Quod meum est ampliùs non potest fieri meum;* mais de consolider sur la tête du *redemptor* cette propriété jusque-là résoluble : *Quod imperfectè meum est, potest per usucapionem ampliùs et perfectiùs meum fieri et ita ut auferri non possit* (1).

Au surplus, tant que le *redemptor* a l'esclave en sa possession, il peut acquérir par lui la propriété, la possession, des créances, il peut le vendre; en un mot, nous ne lui refuserons aucun des droits compris dans la puissance dominicale, puisque nous lui avons reconnu avec les textes le *jus manumittendi.*

SECTION II. — COMMENT PREND FIN LE *JUS REDEMPTORIS.*

Nous devrons encore rapporter nos explications à deux chefs et distinguer si le *redemptus* était un esclave ou un homme libre.

Dans le premier cas, le droit du *redemptor* prend fin : 1° lorsque l'ancien maître de l'esclave le rachète en désintéressant le *redemptor*, faculté qui lui est accordée tant que le *redemptor* n'a pas usucapé l'esclave ; 2° lors-

(1) Pothier, Pandectes, notes 3 et 4, sur la loi 12, § 8, hoc tit.

que le *redemptor* affranchit l'esclave ; 3° si l'esclave vient à mourir.

Si le *redemptus* est un homme libre, nous savons qu'il n'est pas l'esclave du *redemptor*, mais seulement *in servitute loco pignoris;* il garantit la créance du *redemptor*, et pour qu'un gage soit libéré, il faut que la créance soit éteinte, ce qui peut arriver de plusieurs manières:

1° Le prix de rachat est remboursé au *redemptor:* ce prix peut être acquitté soit par le *redemptus*, soit par un tiers ; en tous cas le *redemptor* peut être contraint à le recevoir (1). On avait même, en cas de refus, l'interdit *de homine libero exhibendo* (2).

2° Le *redemptor* peut céder à un tiers son droit de gage sur le *redemptus*, qui dans ce cas se libère en payant au second acheteur, non le prix de cession, mais le prix déboursé primitivement par le *redemptor* (3).

3° Le *redemptor* fait remise au *redemptus* du prix de rachat dont il est créancier. Cette remise peut être expresse, être faite soit par testament, soit par donation; elle peut aussi se présumer. Si par exemple le *redemptor* épouse la femme qu'il a rachetée, il est censé l'affranchir du *jus pignoris, dignitate nuptiarum et voto futuræ sobolis* (4). De même si le *redemptor*, ignorant l'ingénuité de la femme *redempta*, a eu d'elle un enfant qu'il affranchit ensuite avec sa mère, l'enfant et la mère se-

(1) Loi 6, de postlim., C.
(2) Loi 3, § 3, de hom. lib. exhib., XLIII, 29, D.
(3) Loi 19, § 9, hoc tit., D.
(4) Loi 13, de postlim. C.

ront ingénus, ceci ne fait aucun doute, mais le *vinculum pignoris* sera brisé (1).

4° Le *redemptus* meurt, ses héritiers même ne doivent pas la rançon. En effet le droit du *redemptor* est limité à la personne ou à la chose vendue ; il doit donc être éteint lorsque cette personne ou cette chose cesse d'exister ; le *redemptus* est réputé avoir recouvré au moment de sa mort l'intégrité de ses droits par l'effet du *postliminium*, il peut par exemple avoir un héritier sien. C'est ce que nous indique Ulpien dans la loi 15 de notre titre ; on pouvait, ajoute-t-il, raisonner autrement, et soutenir moins subtilement, que si le *redemptus* est mort avant d'avoir acquitté sa rançon, son fils ne pourrait invoquer la qualité d'héritier sien qu'à la condition de désintéresser le *redemptor* ; mais il paraît s'arrêter à la première décision : *quod non sine ratione dicetur*.

5° Le *jus redemptoris* peut encore s'éteindre par l'expiration de cinq années ; au bout de ce temps, le *redemptus* deviendra libre, quand même il ne pourrait acquitter sa rançon : *Decet redemptor aut datum pro se pretium emptoribus restituere, aut laboris obsequio vel opere quinquennii, habituros incolumem si in eâ nati sunt, libertatem* (2).

§

Il nous reste maintenant à examiner quelle va être la condition de la personne ou de la chose rachetée, lorsqu'elle sera sortie de la puissance du *redemptor*.

(1) Loi 21, hoc tit., D.

(2) Loi 20, hoc tit., C. d'Honorius et de Théodose, an 400 ap. J. C.

Le principe est celui-ci : la personne ou la chose rachetée reprendra la condition dont elle jouissait avant d'être prise par l'ennemi. L'homme libre et ingénu recouvre son ingénuité, sa liberté ; il peut invoquer le *postliminium*. L'esclave retombe sous la puissance de son ancien maître, qui le reprend affecté des mêmes charges qui le grevaient avant sa captivité. Si donc un tiers avait l'usufruit ou l'usage de cet esclave, le maître devra souffrir de nouveau l'exercice de ces droits, s'ils ne sont pas éteints d'ailleurs par quelque mode ordinaire. De même si l'esclave appartenait à plusieurs maîtres, et qu'il ait été racheté au nom de tous, il redeviendra commun, *in communionem redibit*. Que si le rachat n'a pas lieu au nom de tous, ceux-là seulement qui en ont acquitté le prix recouvrent la propriété de l'esclave, pour la portion seulement dont ils étaient autrefois propriétaires ; quant à l'autre portion, ils succèdent aux droits du *redemptor*, et sont tenus de la restituer à leurs copropriétaires, s'ils viennent à leur en offrir le prix (1).

Si l'esclave racheté avait été donné en gage avant sa captivité, une fois le *redemptor* désintéressé, le créancier recouvre la garantie de sa créance ; il pourrait même en acquitter le prix de rachat. Dans ce cas il a sur l'esclave un double droit : 1° comme tout créancier gagiste, il peut le faire vendre, si le débiteur ne paie pas la dette ; 2° il est substitué au droit du *redemptor*, de telle sorte que si le débiteur est en même temps l'ancien

(1) Loi 12, § 13, hoc tit., D.

propriétaire de l'esclave, il ne pourra le recouvrer qu'en payant à son créancier le montant de la dette, plus le prix de rachat (1).

Remarquons que les règles du droit commun sont ici complétement bouleversées. Lorsque le même objet est donné en sûreté à plusieurs créanciers, comme dans notre espèce, le premier créancier seul peut faire vendre le gage, en sorte que son droit paralyse celui des créanciers postérieurs, lesquels n'ont que le *jus offerendi*, c'est-à-dire la faculté de désintéresser le premier créancier pour lui être subrogés. D'après cette règle incontestable, nous dirions, le créancier qui avait sur l'esclave un droit de gage antérieurement à sa captivité, n'a pas besoin pour exercer son gage de désintéresser le *redemptor*, dont le droit sur l'esclave est postérieur au sien. C'est précisément le contraire qui arrive, et la raison de la différence est celle-ci: sans doute le *redemptor* a sur l'esclave un droit plus récent, mais aussi il a un droit plus fort; et en effet, sans lui l'esclave gage du premier créancier serait aux mains des ennemis, son droit de gage serait dérisoire.

Plusieurs applications de ce principe que la chose rachetée reprend la même condition juridique où elle était avant d'être prise, nous sont présentées par la loi 27 à notre titre: Des voleurs s'emparent d'un esclave qui devient *res furtiva;* si plus tard les ennemis font cet esclave prisonnier, et qu'il soit racheté par un *redemptor* de bonne foi, celui-ci ne pourra l'usucaper, l'es-

(1) Loi 12, § 12, hoc tit.

clave demeurera *res furtiva* jusqu'à ce qu'il soit rentré aux mains de son ancien propriétaire (1).

De même le déporté racheté par le *redemptor*, lorsque le fisc aura acquitté le prix de sa rançon, devra de nouveau être renvoyé *in insulas.*

Enfin nous devons, en terminant, examiner une question dont la solution se trouve dans la combinaison des règles que nous avons étudiées et de celles qui régissent la matière des legs.

Un testateur ne peut léguer que sa chose ou celle d'autrui, mais je ne pourrais léguer à quelqu'un ce dont il est propriétaire : *Licet rem alienaverit, non debetur nec ipsa, nec æstimatio ejus* (2). De même si le légataire vient à acquérir la chose léguée, *ex aliâ causâ*, le legs est caduc, *extinguitur* (3), pourvu toutefois qu'il l'ait acquise *ex causâ lucrativâ : Nam traditum est duas lucrativas causas in eumdem hominem et in eamdem rem concurrere non posse* (4). Si, au contraire, le légataire a acquis la chose à titre onéreux, il peut en obtenir l'estimation par l'action *ex testamento.* Posons maintenant l'hypothèse : Je vous ai légué l'enfant qui naîtra de mon esclave Pamphile, elle est faite captive; vous la rachetez, l'enfant vient au monde pendant que la mère vous appartient *loco pignoris :* pourrez-vous demander à mon héritier la valeur de l'enfant? Papinien et Tryphoninus répondent affirmativement. Il n'y a pas

(1) Inst. II, 6, 2. Legis veteris Atiniæ verba sunt : Quod subreptum est ejus rei æterna auctoritas esto.—Loi 4, § 6, de usuc., XLI, 3, D.

(2) Inst. II, 20, 10.

(3) Loi 21, § 1, de legatis 3° XXXII, D.

(4) Inst. II, 20, 6.

cause lucrative; avec la mère vous avez acheté l'enfant, bien qu'il ne fût pas encore né : il y aura donc lieu à une restitution d'après laquelle sera déterminé, dans le prix total que vous avez déboursé pour racheter la mère, un prix particulier représentant la valeur de l'enfant, et ce prix vous pouvez le demander à mon héritier par l'action *ex testamento* (1).

(1) Loi 73, de legatis, 2°, xxxi, D.

DROIT FRANÇAIS

DES EFFETS DE L'ABSENCE RELATIVEMENT AUX BIENS QUE L'ABSENT POSSÉDAIT AU JOUR DE SA DISPARITION ET RELATIVEMENT AUX DROITS ÉVENTUELS QUI PEUVENT LUI COMPÉTER.

Code Napoléon, liv. I, tit. IV, chap. III, sect. I et II.
Art. 120, 124 à 138, art. 140.

INTRODUCTION.

Il y a dans le titre de l'absence quelque chose de cet intérêt qui s'attache aux titres de la minorité et de l'interdiction. On aime à voir le législateur venir au secours de celui qui ne peut pas se défendre, prendre sous sa garde des biens délaissés, les protéger contre l'avidité qui les convoite et l'indifférence qui les néglige, s'efforcer de sauvegarder dans sa sollicitude les droits de celui qui a disparu, peut-être pour toujours, les légitimes espérances de sa famille et des tiers.

Les lois romaines, si riches, si précieuses à recueillir, ne nous ont, pour ainsi dire, transmis aucune disposition sur l'absence. Le droit romain ne l'avait pas prévue; le citoyen vivait dans sa patrie ou mourait pour elle; le seul absent, c'était le prisonnier de guerre, et quel que fût son sort, qu'il mourût dans les fers ou qu'il les brisât, une double fiction suffisait à son orgueil (1).

Le *Digeste* nous fournit cependant quelques règles éparses, mais insuffisantes pour servir de base à un pareil sujet : droit pour le fils de famille de se marier sans le consentement de son père, après trois ans d'absence ; droit pour le conjoint de convoler à une seconde union après cinq années d'incertitude sur l'existence de son époux (2). De même, il résulte de certains textes que cent ans après sa naissance l'absent était présumé mort (3).

Enfin, le Digeste (4) nous présente un certain nombre de dispositions où l'on voit le préteur venir au secours de personnes qui, retenues loin du siége de leurs affaires, n'ont pu veiller à leurs intérêts, et restituer également tous ceux qui n'ont pu, par suite de la disparition de leur débiteur, agir en temps utile contre lui. Dans toutes ces dispositions l'absence est confondue par les jurisconsultes avec la non-présence.

Barbares ou civilisés, les habitants de notre vieille Europe ne s'éloignaient guère de l'enceinte de leurs cités ; nul lien, nul intérêt moral, n'était assez fort pour exciter les hommes à se rapprocher et à s'unir : le commerce était méprisé.

Bientôt, avec le moyen âge, sous l'influence de l'u-

(1) La fiction du Postliminium et celle de la loi Cornelia.
(2) Loi 6, de div. et rep.—Loi 10, de ritu nuptiarum, D.
(3) Loi 56, de usuf., et loi 8, de usu. et usuf., D.
(4) Livre 4, tit. 4. Ex quibus causis majores in int. rest. D.

nité chrétienne, l'intelligence humaine se réveille, elle veut pénétrer dans le domaine de l'inconnu; l'homme veut franchir les horizons de sa patrie, répandre au loin la civilisation, la science et la foi, aller chercher dans des mondes nouveaux des richesses nouvelles; le commerce se développe, et avec lui les entreprises téméraires, hasardeuses. Aussi notre ancienne jurisprudence, après bien des hésitations, était-elle parvenue à jeter les fondements d'une théorie sur l'absence. Nous devons en rappeler les traits principaux.

On établi d'abord cette présomption, que l'absent serait réputé vivant jusqu'à ce qu'il eût atteint l'âge de cent ans, terme le plus long de l'existence humaine. Cette présomption arbitraire avait été puisée dans une loi romaine mal interprétée; ce texte décidait, non pas *que tout homme est présumé vivre cent ans,* mais *qu'un homme est présumé ne pas vivre plus de cent années.* Pothier fit justice de cette vieille erreur (1), et la Jurisprudence, réformant ses décisions, établit comme règle: *Que jusqu'à ce qu'il soit écoulé cent ans depuis la naissance de l'absent, il ne sera présumé ni vivant ni mort: mais ce sera à ceux qui ont intérêt à ce qu'il soit vivant à prouver sa vie, comme à ceux qui ont intérêt à ce qu'il soit mort, à prouver sa mort.*

Le patrimoine laissé par l'absent au jour de sa disparition est confié à l'administration d'un curateur. La nomination de ce curateur était même obligée, lorsqu'il s'agissait d'assigner un absent en justice. L'ordonnance

(1) Introduction au titre XVII de la coutume d'Orléans, art. prél., sect. 1, § 2, n° 37.

de 1667 (titre II, art. 8) abrogea cette formalité et prescrivit d'assigner l'absent à son dernier domicile. On voulait, en supprimant les curateurs *ad litem*, soustraire l'absent au danger d'être mal défendu et de se voir opposer à son retour des jugements réputés contradictoires. Dans le système de l'ordonnance, on obtenait contre l'absent un jugement par défaut, contre lequel il avait la voie de l'opposition.

Lorsqu'il s'était écoulé depuis la disparition et les dernières nouvelles un certain délai, ordinairement dix années, quand les coutumes ne renfermaient pas de dispositions expresses (1), les héritiers présomptifs étaient mis provisionnellement en possession des biens, à la charge de donner caution. On ne recourait pas à cette mesure quand l'absent avait laissé une procuration; l'administration des biens était alors assurée. Il fallait néanmoins que la procuration fût laissée à un héritier présomptif.

On se demandait, dans ce cas, à quelle époque la succession de l'absent serait réputée provisionnellement ouverte : du jour des dernières nouvelles, ou du jour de l'envoi en possession. Un arrêt du 22 mars 1688, rapporté par Renusson et cité par Pothier (2), décide que dans l'incertitude où l'on est du moment véritable auquel a pu s'ouvrir la succession, il faut la réputer

(1) Ainsi, dans la coutume d'Orléans; dans les parlements de Paris, de Bretagne et de Bordeaux. — Le délai était de quarante ans dans la coutume de Liége (art. 3, ch. 2), sept ans dans celle d'Anjou (art. 260) et du Maine (art. 287), trois ans dans celle de Hainaut (ch. 77, art. dernier), neuf ans dans le ressort du parlement de Toulouse.

(2) Int. à la coutume d'Orléans, tit. XVII, n° 37.

ouverte du jour des dernières nouvelles : *une personne dont on n'a pas de nouvelles étant comme morte par rapport à la société*. Dans un autre traité (1), Pothier pense, au contraire, qu'il vaut mieux présumer que la succession s'est ouverte au moment où l'on désespère de recevoir des nouvelles de l'absent, *et auquel, en conséquence, le juge envoie sa famille en possession de ses biens*. Le Code a adopté le premier de ces deux systèmes, qui est, sans contredit, le plus sage et le moins arbitraire.

Enfin, dans certains cas, on admettait facilement que la présomption de mort avait assez de gravité pour déclarer *de plano* la succession ouverte. Un militaire n'avait pas donné de ses nouvelles depuis telle bataille où s'était trouvé son régiment : on présumait sa succession ouverte au jour de la bataille. Un marin s'était embarqué; on ne reçoit aucune nouvelle ; il est presque certain que le navire a fait naufrage : « *l'ouverture de la succes-* « *sion ne peut être*, dit Pothier, *assignée plustardqu' au* « *bout du temps qu'a pu durer le voyage du vaisseau.* »

Que si, avant l'envoi provisionnel prononcé au profit des héritiers présomptifs, l'intérêt de l'absent exigeait qu'on prît à l'égard de ses biens et de ses droits des mesures conservatoires, on pouvait en confier l'administration à ses héritiers ou à toute autre personne ; mais cette administration n'était qu'un mandat, un titre précaire ne donnant aucun droit à la propriété, ni même à une part de fruits.

(1) Successions, chap. III, sect. 1, § 1.

Quant aux autres droits subordonnés à la condition du décès de l'absent, les intéressés devaient-ils être admis à les exercer provisoirement? Pothier pensait que l'exercice de ces droits devait être suspendu jusqu'à ce qu'il se fût écoulé plus de cent ans depuis la naissance de l'absent. Ce n'est qu'après cette époque que son testament peut être exécuté, que le bien dont il était usufruitier fait retour à la nue-propriété, que sont ouvertes au profit des appelés les substitutions dont il était grevé. D'autres auteurs blâmaient ces décisions, et soutenaient qu'au bout d'un certain temps, l'appelé, le légataire devaient obtenir la possession des biens compris dans le legs ou la substitution (1). *Is curator bonis dari solet cujus magis interest bona conservari, ac proindè qui bona in casum mortis habiturus est* (2).

Nous pouvons, toutefois, caractériser en deux mots le système de l'ancienne jurisprudence. En confiant la possession des biens aux héritiers présomptifs, la loi voulait simplement en assurer l'administration, et non pas ouvrir provisoirement les droits subordonnés au décès de l'absent. Une seule exception était faite : la communauté, dans ce système, n'aurait dû se dissoudre que lorsqu'il se serait écoulé cent ans depuis la naissance de l'absent, en admettant, bien entendu, que l'époux présent fût encore vivant à cette époque ; nous voyons, au contraire, qu'elle était provisoirement dissoute par

(1) Bretonnier, Questions : des absents, ch. III.
(2) Le président Favre ; Code des oblig. et act. def.

l'envoi en possession prononcé au profit des héritiers présomptifs (1).

Enfin, quant au mariage, la grande majorité des auteurs ne permettaient au conjoint présent de convoler à de secondes noces, que s'il rapportait la preuve du décès de son époux. *Non possunt*, dit une décrétale du pape Clément III, *mulieres ad aliorum consortium canonicè convolare, donec certum nuntium recipiant de morte virorum*. Pothier est peut-être le seul qui donne à la présomption de mort résultant de l'expiration d'un siècle depuis la naissance de l'absent, une force suffisante pour autoriser l'époux présent à se remarier (2).

Telles sont quelques unes des principales règles que le droit ancien nous a léguées sur l'absence, règles sans certitude, n'accordant qu'une protection incomplète et des garanties insuffisantes, variables comme la jurisprudence des Parlements, diverses comme les causes de l'absence (2).

Les rédacteurs du Code marchaient donc presque sans guide dans des voies nouvelles; on le reconnaît en examinant leur ouvrage. Tandis que dans les autres matières, où ils peuvent s'inspirer de la sagesse des jurisconsultes romains, et des vieilles doctrines de la jurisprudence, héritage toujours grossi que les généra-

(1) Pothier, communauté, n° 505.

(2) Contrat de mariage, n° 106.

(3) Une loi du 11 février 1791, portée par l'Assemblée constituante, traçait quelques règles relatives à l'absence : elle imposait l'obligation de faire nommer par le tribunal un notaire qui représentât l'absent dans les inventaires, comptes et partages ; elle défendait à ce notaire d'instrumenter comme officier public dans un acte où il deviendrait partie intéressée comme représentant de l'absent.

tions se sont transmis d'âge en âge, ils développent et prévoient, ils entrent dans les moindres détails; nous les voyons ici n'exposer en quelque sorte qu'une théorie de l'absence, théorie savante et méthodique, que la doctrine doit féconder et la jurisprudence éclaircir.

L'absence est cet état d'incertitude qui fait douter de la vie; c'est, comme le dit admirablement un savant professeur (1), « *la lutte entre la présomption de vie,* « *fondée sur ce que le décès n'est pas connu, et la pré-* « *somption de mort, fondée sur le défaut absolu de* « *nouvelles.* » A mesure que l'époque de la disparition devient plus éloignée, la présomption de mort prend plus de consistance et les mesures édictées par le législateur changent de caractère.

Un homme disparaît, sa place reste vide au milieu des siens; sa famille s'inquiète, mais elle attend toujours. La justice discrète n'intervient pas encore; puis, la disparition se prolonge, le temps fuit emportant chaque jour une espérance les biens abandonnés se détériorent; la justice présume l'absence, et vient par des mesures protectrices, sauvegarder l'intérêt de l'absent et celui des tiers. Cette première période, période de présomption d'absence, commence à compter de la disparition et des dernières nouvelles, et dure jusqu'au jugement de déclaration d'absence, qui peut être rendu au bout de cinq ans ou de onze ans, suivant que l'absent a laissé ou n'a pas laissé de procuration.

La seconde période commence avec le jugement dé-

(1) M. Demolombe, de l'Absence, n° 9.

claratif de l'absence, et dure en général pendant trente ans, ou jusqu'à ce que l'absent ait atteint l'âge de cent ans. La présomption de mort devient plus grave encore, les héritiers présomptifs de l'absent sont envoyés en possession de ses biens, sa succession est réputée ouverte, et tous ceux qui ont des droits subordonnés à la condition de son décès sont autorisés à les exercer provisoirement.

Enfin, dans la troisième période qui dure indéfiniment, jusqu'à ce qu'on ait reçu des nouvelles de l'absent, ou acquis la preuve de son décès, l'envoi en possion devient définitif, et la loi cesse de veiller à la conservation des biens de l'absent, tout en lui réservant le droit de les reprendre dans l'état où ils seront, s'il revient contre toute attente.

Il n'est pas exact, comme on l'a fait souvent, de diviser les trois périodes de l'absence d'après la probabilité plus ou moins grande de la vie ou de la mort de l'absent, et de dire : Jusqu'à la déclaration d'absence, il est présumé vivant. — Non, car même alors, la présomption de mort domine déjà à l'égard des droits éventuels qui peuvent lui compéter (art. 135 et 136). A partir de la déclaration d'absence, la présomption de mort prend le dessus; elle devient invincible par l'envoi en possession définitif. Formule erronée ! car le mariage n'est jamais dissous par l'absence, quelque prolongée qu'elle soit. Le conjoint qui a disparu est toujours réputé vivant : les matières d'ordre public ne se prêtent pas aux calculs de probabilités; la loi assure à l'absent, dans tous les cas, et en dépit de toutes les présomptions, la conservation de ses droits les plus chers; elle pousse jusqu'à ses dernières limites les conséquences de l'indissolubilité du lien conjugal, en permettant au conjoint présent de paralyser dans leur exercice des droits légitimes et d'espérer encore contre toute espérance. *Contrà spem in spem.*

En résumé, le législateur devait concilier les exigences du moment avec le retour à la réalité, si elle venait à se manifester un jour; *concilier*, comme le dit excellemment un savant professeur de cette faculté (1), « *le « respect de la liberté de l'absent, de son droit de né« gligence, la protection de ses intérêts et de ceux qui « étaient en rapport d'affaires avec lui.* » Ce problème a été résolu : les intérêts de l'absent sont protégés pendant la première période, par une intervention discrète et éclairée de la justice, sous les auspices du ministère public; dans la seconde, par l'intérêt même des tiers, dépositaires de biens qu'ils pourront recueillir un jour, par les cautions, les inventaires, les comptes qu'ils auront à rendre à l'absent de retour, les entraves apportées à leur administration; pendant la troisième période, par le droit imprescriptible accordé à l'absent de recouvrer ses biens dans l'état où ils se trouveront; enfin, dans un autre ordre d'idées, par l'indissolubilité du mariage.

Quant aux tiers, la loi ne s'est pas montrée moins vigilante. Le conjoint présent peut opter pour la continuation de la communauté. La tutelle ou la surveillance des enfants laissés par l'absent est organisée suivant

(1) M. Duverger, à son cours.

des règles pleines de sagesse. Une pétition d'hérédité toute privilégiée leur est accordée; les créanciers et autres ayant-droits peuvent provoquer des mesures conservatoires pendant la première période, et plus tard agir contre les envoyés en possession. Enfin les héritiers présomptifs et tous ceux qui ont des droits subordonnés au décès de l'absent, peuvent faire déclarer l'absence et demander d'abord la possession provisoire, enfin la possession définitive de ses biens.

Tels sont les principaux traits de notre législation sur l'absence. Nous nous bornerons dans ce travail à étudier spécialement les dispositions du Code relatives aux biens possédés par l'absent lors de sa disparition, et aux droits éventuels qui peuvent lui compéter : dispositions contenues dans les articles 120, 124 à 138, et 140 du Code Napoléon; nous rechercherons ensuite les différentes lois qui sont venues modifier et compléter le Code civil, en accordant aux militaires de précieux priviléges; nous noterons avec soin celles des dispositions mises en vigueur qui se rattachent aux matières étudiées dans le Code. — Qu'on nous permette, en terminant, une courte réflexion. Sans parler d'une guerre heureusement terminée, mais dont la prolongation aurait pu motiver la remise en vigueur de lois existantes avant 1815, ou la promulgation de nouvelles décisions législatives, une étude sur cette partie de notre législation ne semble-t-elle pas empreinte de plus d'actualité, aujourd'hui que le développement du commerce et de la civilisation a dispersé sur tous les points du globe une multitude de Français; aujourd'hui que l'industrie, comme on l'a dit ingénieusement, *en décuplant les ressources de la vie, a centuplé les chances de la mort;* qu'en rapprochant les distances, elle invite à les franchir, et semble avoir ajouté au péril des voyages tout ce qu'elle ôte à leur longueur?

5

CHAPITRE Ier

DE L'ENVOI EN POSSESSION PROVISOIRE.

L'absence est déclarée. Aux yeux de la loi, l'absent n'est ni vivant ni mort : son existence est incertaine; dès lors, l'ouverture de sa succession devrait, ce semble, rester en suspens, car la succession d'un homme ne s'ouvre plus que par la mort naturelle (art. 718).

Cependant, lorsque la disparition s'est prolongée assez longtemps pour donner lieu à un jugement de déclaration d'absence, la présomption de mort acquiert une telle force et une telle gravité, que la loi ouvre provisoirement la succession de l'absent et autorise tous ceux qui auraient des droits subordonnés à la condition de son décès à les exercer provisoirement. Cet exercice des droits existants sur les biens de l'absent et subordonnés à la condition de son décès constitue *l'envoi en possession provisoire*.

Le législateur, en édictant les dispositions contenues dans les art. 120, 124 à 128, s'est proposé un triple but : sauvegarder l'intérêt des tiers et ne point paralyser plus longtemps des droits indépendants du fait et de la volonté de l'absent; confier les biens délaissés aux personnes le plus intéressées à les administrer avec vigilance, puisqu'elles croiront en quelque sorte gérer leur propre patrimoine; enfin, établir *hic et nunc* une situation qui le plus souvent deviendra définitive, si l'absent ne donne pas de ses nouvelles.

Nous aurons à nous demander successivement par qui et suivant quelles formes peut être demandé l'envoi en possession provisoire, quels biens il comprend, quels sont ses effets et comment il prend fin.

SECTION Ire. — PAR QUI PEUT ÊTRE DEMANDÉ L'ENVOI EN POSSESSION PROVISOIRE.

En principe, l'envoi en possession de la masse des biens de l'absent sera demandé par les héritiers présomptifs, et c'est contre eux que les divers intéressés devront agir. C'est à eux seuls que la loi donne cette vocation dans l'article 120, et l'article 123 ajoute que ce n'est qu'après l'envoi en possession provisoire obtenu par les héritiers présomptifs que les autres droits subordonnés au décès de l'absent peuvent être exercés. « *Il* « *était raisonnable, d'ailleurs*, dit M. Demolombe (1), « *de pourvoir avant tout à l'administration générale du* « *patrimoine, et d'y préposer des représentants qui se-* « *raient ensuite les contradicteurs légitimes de toutes* « *les prétentions particulières. Ce rôle et ce droit ap-* « *partenaient nécessairement aux héritiers* (art. 724) ».

La loi accorde ce droit de demander l'envoi en possession provisoire à ceux qui sont héritiers présomptifs,

(1) Absence, n° 74.

non pas au moment de la déclaration d'absence, mais au jour de la disparition et des dernières nouvelles. La succession est présumée ouverte à cette époque ; donc les plus proches héritiers sont censés l'avoir recueillie et transmise directement ou par représentation à leurs propres héritiers et à leurs légataires.

Toutefois, remarquons que dans ce cas les héritiers présomptifs ne sont pas saisis de plein droit ; ils peuvent, dit l'article 120, se faire envoyer en possession ; s'ils restent inactifs, il ne faut pas que leur refus ou leur abstention nuisent aux droits des autres parents. Ceux-ci ne devront pas être écartés par ce motif qu'ils ne sont pas les plus proches. En effet, l'héritier du premier degré peut ne pas demander l'envoi provisoire, parce qu'il ne croit y trouver aucun avantage ; et, d'autre part, les parents qui ne sont pas héritiers présomptifs lors des dernières nouvelles ont un intérêt éventuel à la bonne administration du patrimoine de l'absent ; peut-être connaîtra-t-on quelque jour la date du décès ; peut-être à cette époque auraient-ils été les plus proches parents du défunt. Donc, en présence du premier degré, l'héritier du second degré peut demander l'envoi en possession provisoire.

S'il n'y a pas d'héritiers légitimes, les successeurs irréguliers peuvent demander l'envoi en possession provisoire, et c'est ici qu'il faut noter la disposition de l'article 140, qui accorde ce droit au conjoint survivant dans le cas où l'absent n'aurait pas laissé de parents habiles à lui succéder. Cet article était parfaitement inutile. D'après l'article 767, lorsqu'un défunt ne laisse ni héritiers légitimes ni enfants naturels reconnus (1), c'est à ce conjoint que la succession appartient. Aux termes de l'article 120, l'envoi en possession provisoire appartient à celui qui prendrait la succession de l'absent si elle était ouverte. Il n'était pas besoin d'une disposition spéciale pour tirer la conclusion des prémisses posées par les articles 120 et 767.

Mais que dire des autres intéressés, légataires, donataires de biens à venir, nu-propriétaires de biens dont l'absent avait l'usufruit, donateurs ayant stipulé le droit de retour, en cas de prédécès de l'absent donataire, appelés à une substitution dont l'absent était le grevé? L'inaction des héritiers légitimes ne doit pas plus entraver l'exercice des droits subordonnés à l'ouverture provisoire de la succession, que la renonciation d'un héritier légitime, ou son refus d'accepter une succession ouverte par la mort naturelle prouvée du *de cujus*, n'arrête l'exercice des autres droits que le décès a ouverts. Il y a plus : si l'héritier présomptif se trouve posséder de fait les biens de l'absent, la crainte de les perdre l'empêcherait de demander l'envoi en possession provisoire. Les droits des autres intéressés seraient donc à la merci des héritiers présomptifs, qui, sachant que ces biens leur échapperaient tôt ou tard, les administreraient, suivant l'énergique expression de Merlin (1), « *comme un conquérant administre un pays conquis.* »

(1) Ajoutez ni père et mère naturels, ni frères et sœurs naturels, ni frères et sœurs légitimes, quant aux biens que le *de cujus*, enfant naturel, tenait de son père et de sa mère.

(2) Répertoire, V° Absent.

Enfin, aux articles 120 et 123, qui semblent exiger comme une condition des envois en possession particuliers l'envoi en possession général demandé et obtenu par les héritiers présomptifs, nous répondrons que la loi indique la marche qui le plus ordinairement est suivie (1); que, d'ailleurs, en admettant que le texte doit être pris à la lettre, il y a toujours moyen d'appeler en cause les héritiers présomptifs, afin qu'ils demandent cet envoi; que, s'ils s'y refusent, la condition de l'envoi en possession particulier doit être réputée accomplie, puisqu'elle n'a défailli que par la faute de ceux qui étaient obligés sous cette condition (2).

Une dernière question nous reste à élucider. Les créanciers des héritiers présomptifs et autres intéressés qui peuvent demander l'envoi en possession provisoire ont-ils droit d'exercer cette action du chef de leur débiteur? (Art. 1166.)

Quelques auteurs et quelques arrêts ont soutenu la négative. C'est là un droit exclusivement attaché à la personne, a-t-on dit; l'envoi en possession provisoire est un dépôt, un mandat que la loi confie aux envoyés, qui ne peuvent aliéner les biens de l'absent; ces biens, dès lors, ne peuvent servir de gage à leurs créanciers. Enfin, dit un arrêt (3), « *les créanciers ne pouvant obtenir*

(1) La loi du 13 janvier 1817, sur les militaires absents, démontre bien explicitement la pensée du législateur, qui est interprétée en quelque sorte dans l'article 11, les art. 120 et 122. *Si les héritiers présomptifs refusent d'user du bénéfice de la présente loi, les créanciers ou autres personnes intéressées pourront se pourvoir en déclaration d'absence.*

(2) Loi 161, de div. reg. juris. — L. 17, D., art. 1178, C. N.

(3) Metz, 7 août 1823.

« *l'envoi en possession que jusqu'à concurrence du*
« *montant de leurs créances, le patrimoine de l'absent*
« *serait morcelé de telle sorte qu'il lui serait la plupart*
« *du temps impossible de récupérer sa fortune, s'il ve-*
« *nait à reparaître !* »

Nous préférons l'opinion contraire. Il nous semble que la prétention des créanciers est parfaitement légitime. L'article 1166 ne limite pas leur droit dans ce cas plutôt que dans un autre. Que les créanciers demandent l'envoi en possession provisoire du chef de leur débiteur, mais, bien entendu, qu'ils remplissent en son nom les charges et conditions de cet envoi et garantissent l'intérêt de l'absent. Voilà ce que nous admettons. L'envoi en possession est un droit qui s'ouvre provisoirement par l'absence, comme il s'ouvrirait définitivement par le décès. On ne peut donc le considérer comme exclusivement attaché à la personne ; enfin, adopter l'opinion contraire, c'est permettre à un débiteur insolvable d'enlever à ses créanciers, par sa négligence ou par une collusion frauduleuse, le moyen de se faire payer sur la part de fruits qui lui sera attribuée d'après l'article 127 ; c'est leur enlever l'espérance de voir entrer définitivement dans le patrimoine de leur débiteur et dans leur gage, les biens compris dans l'envoi en possession provisoire. Mais nous ne déduisons pas de notre solution les conséquences extrêmes qui nous sont reprochées par l'arrêt de la Cour de Metz précité ; nous ne dirons pas que chaque créancier obtiendra séparément l'envoi en possession pour une part de biens égale au montant de sa créance ; non, car les créanciers n'ont pas en principe le droit de se faire payer en nature; ils ne peuvent que saisir et faire vendre les biens de leur débiteur, et, dans l'espèce même, leur débiteur n'est pas propriétaire; il n'a que la possession provisoire et précaire des biens de l'absent(1).

En résumé, les héritiers présomptifs de l'absent ont le droit de demander l'envoi en possession provisoire; à leur défaut, les autres intéressés, et, s'ils restent dans l'inaction, leurs créanciers, en vertu de mandat légal qu'ils puisent dans l'art. 1166.

SECTION II. — FORMES DE L'ENVOI EN POSSESSION PROVISOIRE.

L'envoi en possession provisoire se demande *en vertu du jugement qui a déclaré l'absence* (art. 120). En principe, deux jugements successifs et distincts sont donc nécessaires. Toutefois les parties intéressées pourront, par un seul et même acte, conclure à la fois à la déclaration d'absence et à l'envoi en possession. On évitera ainsi des lenteurs et des frais. Ce que la loi ne veut pas, c'est que l'envoi en possession ait lieu indépendamment de la déclaration d'absence.

Si les intéressés ont simplement demandé la déclaration d'absence, et qu'ils veulent ensuite obtenir l'envoi en possession provisoire, ils présenteront requête au président du tribunal, en y joignant l'expédition du jugement qui aura déclaré l'absence; le président commettra un juge pour faire son rapport au jour marqué,

(1) Cassation, 17 novembre 1808.

et le jugement sera prononcé, le ministère public entendu (1)

Dans cette dernière hypothèse, le tribunal qui a, par un premier jugement, déclaré l'absence, pourrait-il, avant de prononcer l'envoi, ordonner une nouvelle enquête (2)? L'art. 120 semble trop formel pour accorder ce pouvoir aux juges, et paraît considérer l'envoi en possession comme un droit acquis aux parties intéressées, depuis le premier jugement. Mais l'art. 131 qui permet au tribunal d'ordonner une enquête, même pendant l'envoi provisoire, nous empêche de lui refuser absolument la même faculté, alors que l'envoi n'a pas été prononcé. C'est du reste un moyen d'instruction dont les tribunaux ne doivent user qu'avec une grande réserve.

SECTION III. — QUELS BIENS COMPREND L'ENVOI EN POSSESSION PROVISOIRE.

L'envoi en possession, avons-nous dit, a pour effet d'ouvrir provisoirement la succession de l'absent. C'est au moment de la disparition ou des dernières nouvelles qu'il faut se placer pour déterminer au profit de qui seront prononcés les envois en possession et quels biens ils comprendront. Il suffit donc que les divers intéressés aient existé à cette époque pour qu'ils aient pu trans-

(1) Art. 859 et 860 C. de Pr. combinés.

(2) Aux termes de l'article 116, le tribunal saisi d'une demande en déclaration d'absence, doit, s'il admet la demande, ordonner une enquête, laquelle sera faite contradictoirement avec le ministère public.

mettre à leurs propres successeurs le droit conditionnel qui leur était acquis de demander l'envoi en possession provisoire.

Quant aux biens, l'envoi en possession comprendra tous les droits réels et personnels qui composaient le patrimoine de l'absent, lors de ses dernières nouvelles; peu importe que ces droits soient purs et simples, ou subordonnés à une condition. En effet le droit conditionnel existe, il est aliénable, transmissible; il peut être de la part du créancier conditionnel l'objet d'actes conservatoires (1). De même les envoyés en possession auront l'exercice des actions en réméré et en rescision que l'absent avait à sa disposition. *Qui habet actionem ad rem recuperandam, rem ipsam habere videtur.*

Mais que va-t-on faire des fruits? Pas de difficulté quant à ceux produits par les biens de l'absent, depuis la disparition jusqu'à l'envoi en possession provisoire. — Ils sont compris dans l'envoi, car ils ont été capitalisés au nom et dans l'intérêt de l'absent, soit par son mandataire, s'il en avait laissé un, soit par l'administrateur nommé par le tribunal (art. 112). Les envoyés en possession provisoire les obtiennent, non comme des fruits régis par l'art. 127, mais comme des capitaux qu'ils doivent restituer intégralement à l'absent, s'il reparaît, et dont ils gagneront seulement les intérêts dans les proportions déterminées par ce même art. 127.

(1) Art. 1180 C. N. Remarquons que si le droit conditionnel résultait d'un legs, les envoyés en possession provisoire ne pourraient l'invoquer qu'en prouvant que l'absent existait encore lors de l'événement de la condition. (Art. 137 et 1040 C. N. combinés.

La question est plus délicate en ce qui concerne les fruits des choses léguées à titre particulier par l'absent, ou dont il avait l'usufruit, ou qui lui avaient été données avec clause de retour (art. 954). A qui les attribuer? aux héritiers légitimes ou successeurs universels de l'absent, ou bien au légataire, au nu-propriétaire, au donateur? Nous pensons que ces fruits seront remis, *mais provisoirement et à titre de capitaux*, à ceux qui obtiendront la possession provisoire de la chose qui les produit. La succession est, par une fiction légale, réputée ouverte du jour de la disparition; donc les fruits qui auraient appartenu définitivement à ceux auxquels appartiendrait la chose qui les produit, si la fiction avait été une réalité, doivent leur appartenir provisoirement comme la chose elle-même.

SECTION IV. — EFFETS DE L'ENVOI EN POSSESSION PROVISOIRE.

La loi, dans les art. 123, 125, 126, 127 et 128, détermine la nature du droit des envoyés, leur prescrit certaines garanties de restitution et certaines mesures conservatoires dans l'intérêt de l'absent; enfin réglemente leurs rapports, soit avec l'absent de retour, soit avec les tiers.

§ Ier. — *Nature du droit des envoyés en possession provisoire.*

La possession provisoire, dit l'art. 125, *ne sera qu'un dépôt qui donnera à ceux qui l'obtiendront l'administration des biens de l'absent, et qui les rendra comptables envers lui, en cas qu'il reparaisse ou qu'on ait de ses nouvelles.*

Cette assimilation de la possession provisoire au dépôt ne doit pas être prise à la lettre. Sans doute l'envoyé en possession reçoit la chose d'autrui, à la charge de la garder et de la restituer en nature à première réquisition (1); mais la possession provisoire comprend tous les biens de l'absent, meubles et immeubles. — Le dépôt ne s'applique qu'aux choses mobilières (art. 1925). — Le dépôt est essentiellement gratuit (art. 1917); — la possession provisoire donne lieu à un salaire fixé par l'art. 127. Enfin, le dépositaire n'administre pas; — l'envoyé en possession provisoire peut faire au nom de l'absent certains actes qui l'obligent. — L'art. 125 veut dire surtout que l'envoyé en possession ne devient pas propriétaire des biens de l'absent. Cependant la loi ayant qualifié de dépôt la possession provisoire, nous devons en conclure que l'envoyé infidèle, condamné à des dommages-intérêts envers l'absent (art. 126-3° Pr.), ne pourrait faire cession de biens. Il est dépositaire, il est comptable, et à ce double titre les art. 1945 C. N. et 905 Pr. lui refusent le bénéfice de cession.

Quant à la responsabilité des envoyés en possession provisoire, il faut, pour la déterminer, combiner plusieurs principes. La gestion doit être libre et spontanée, et non obligatoire de par la loi, comme celle du tuteur;

(1) Définition du dépôt dans l'art. 1915. — Remarquons, en outre, que le dépositaire doit restituer la chose *in specie* (art. 1915); les envoyés, ayant le droit d'administration, ne rendent pas toujours identiquement ce qu'ils ont reçu.

elle est récompensée par une part de fruits. Voilà ce qui a porté la plupart des auteurs à les traiter comme des mandataires salariés, et à leur appliquer l'art. 1992-2°. — M. Demolombe, au contraire, ne demande à l'envoyé que les soins d'un bon père de famille; il s'appuie sur cette considération que l'envoi en possession provisoire n'est pas seulement prononcé dans l'intérêt unique de l'absent, mais aussi dans l'intérêt des envoyés : « *Il ne* « *faut donc pas,* dit-il, *leur tendre un piége; c'est du* « *reste une question de fait à décider par les magistrats,* « *d'après les circonstances de chaque espèce* (1).

En résumé, les envoyés en possession provisoire sont des dépositaires administrateurs salariés et comptables. Nous examinerons plus loin quelle est l'étendue de leurs pouvoirs (2).

§ II. — *Garanties et mesures conservatoires exigées dans l'intérêt de l'absent dès l'entrée en possession.*

Parmi ces mesures, quatre sont obligatoires, une seule est facultative.

I. *Mesures obligatoires.* — 1° L'envoyé provisoire quel qu'il soit, fût-il enfant de l'absent (3), doit fournir caution. Cette caution est reçue par le tribunal en présence du ministère public (art. 114 C. Nap. et 517 Proc.); elle est exigée par la loi, elle doit réunir les conditions prescrites par les art. 2018 et 2019. Si l'en-

(1) Absence, n° 102.
(2) Voir § III.
(3) Agen, 6 avril 1822.

voyé en possession ne trouve pas de caution, il sera reçu à donner à sa place un gage en nantissement suffisant (art. 2041). Nous pensons même qu'à défaut de gage ou d'hypothèque, on devrait recourir aux dispositions des art. 602 et 603 : Mise à ferme des immeubles et placement des capitaux. Ces dispositions sont édictées, il est vrai, en faveur de l'usufruitier qui ne trouve pas de caution; mais, *à fortiori*, l'envoyé qui réclame la possession d'une chose dont il serait plein propriétaire si la succession de l'absent était réellement ouverte, nous semble-t-il avoir le droit de les invoquer.

2° L'envoyé en possession provisoire doit ensuite procéder à l'inventaire du mobilier et des titres de l'absent, *en présence du procureur impérial ou d'un juge de paix requis par ce magistrat* (art. 126). Il est utile de constater ce qu'il va recueillir, pour savoir ce qu'il devra rendre.

3° Le tribunal, s'il y a lieu, peut ordonner à l'envoyé de vendre tout ou partie du mobilier. Cette mesure est abandonnée à la sagesse du tribunal, qui devra concilier l'intérêt de l'absent et celui des envoyés; mais, une fois ordonnée, elle est obligatoire. La loi n'indique pas la forme à suivre pour la vente des meubles ; c'est encore un pouvoir laissé à l'appréciation des juges, qui peuvent ordonner que les meubles soient vendus à l'amiable ou aux enchères, et après trois affiches, comme les biens de mineur (C. Nap., art. 452.).

4° Les meubles une fois vendus, il devra être fait emploi du prix ainsi que des fruits échus (art. 126-2°). Quant au délai et au mode d'emploi, la loi garde le silence ; nous pensons que ces deux points devront encore être réglés par le tribunal, et nous ne voyons pas de raison suffisante pour appliquer par analogie, comme l'ont proposé quelques auteurs (1), les règles imposées au grevé de substitution dans les art. 1065 et 1066.

§

II. *Mesure facultative.* — L'art. 126-3° est ainsi conçu : *Ceux qui auront obtenu l'envoi provisoire pourront requérir, pour leur sûreté, qu'il soit procédé par un expert nommé par le tribunal à la visite des immeubles. Son rapport sera homologué par le procureur impérial.*

Si les envoyés négligent de prendre cette mesure, ils seront présumés avoir reçu les immeubles en bon état (arg. d'analogie des art. 1730 et 1731), sauf à administrer la preuve du contraire.

Les frais occasionnés par cette visite sont mis par la loi à la charge de l'absent ; mais l'art. 126 garde le silence sur les frais occasionnés par les autres mesures que nous venons de passer en revue. On a voulu, argumentant *à contrario* du texte de l'art. 126-3° (2), les laisser à la charge des envoyés qui, a-t-on-dit, reçoivent à titre d'indemnité une part considérable dans les fruits. On a dit aussi qu'ils devaient être supportés également par les envoyés et par l'absent, car l'envoyé en possession est dans l'intérêt égal des deux parties (3). Nous

(1) Notamment M. Demolombe. Absence, n° 97.
(2) Colmar, 4 mai 1815.
(3) Plasman, t, p. 215, 218.

pensons par *à fortiori* que ces frais devront être laissés à la charge exclusive de l'absent, puisque la loi lui fait supporter les dépenses occasionnées par la visite des immeubles, mesure purement facultative et uniquement dans l'intérêt de l'envoyé (1).

§ III. — *Pouvoirs des envoyés en possession provisoire.*

Chargés de l'administration des biens de l'absent, les envoyés en possession provisoire peuvent faire seuls les actes qui sont en général considérés commme actes d'administration. Ils ne peuvent, sans l'emploi de certaines formalités, faire les actes de disposition ou d'aliénation.

Les actes qu'ils auront faits en qualité d'administrateurs, et dans la limite de leurs pouvoirs, devront être respectés, même par l'absent de retour. Les actes de disposition sont valables entre les parties, mais l'absent, s'il revient, peut en demander la nullité; s'il ne reparaît pas, l'envoyé propriétaire sous condition suspensive est devenu propriétaire incommutable; il a donc pu, en vertu de l'effet rétroactif de toute condition, disposer valablement (art. 1179), car il est censé avoir toujours été propriétaire.

Tels sont les principes généraux qui dominent cette matière; nous allons les appliquer successivement aux différents actes qui peuvent émaner des envoyés en possession provisoire.

(1) Un gérant peut bien tirer profit de sa gestion, mais il ne doit rien payer pour l'exercer. (Marcadé, sur l'art. 126, t. 1, p. 306.)

1. *Actes d'administration.* — L'envoyé en possession peut et doit les faire ; et les marchés qu'il passe à cet effet doivent être respectés par l'absent de retour. Mais il faut distinguer entre les réparations d'entretien qui resteront au compte de l'envoyé proportionnellement à la part de fruits qu'il aura retenue (art. 127), et les grosses réparations qui restent à la charge de l'absent, s'il revient ou donne de ses nouvelles, puisque ses capitaux lui seront intégralement restitués.

Remarquons néanmoins qu'en fait les grosses réparations seront supportées dans une faible proportion, il est vrai, mais seront supportées par les envoyés. De quelque manière qu'on s'y prenne pour faire face à la dépense, il y aura pour eux diminution de jouissance. Si l'absent a des capitaux, on les emploiera à faire les réparations, l'envoyé perdra les intérêts ; si l'on vend une portion des biens de l'absent, l'envoyé perdra les fruits de la partie vendue ; si l'on emprunte une somme, il en paiera les intérêts, en les prenant sur les revenus des biens de l'absent, et, à l'inverse, s'il fait l'avance des sommes nécessaires, elles lui seront remboursées seulement pour le capital ; car les intérêts sont charges de fruits (application par analogie des art. 605, 608, 609, 612, au titre de l'usufruit).

§

2° *Baux.* — Les envoyés en possession provisoire peuvent passer les baux de tous les biens, maisons ou fermes, et les renouveler en se conformant aux règles édictées par les art. 595, 1429, 1430 et 1718 C. Nap. Mais les baux qu'ils ont passés sont obligatoires pour tout le temps stipulé, entre les parties; l'absent seul n'est obligé que pour le temps qui reste à courir de la période de neuf ans, dans laquelle on se trouve à l'époque de son retour ou de ses dernières nouvelles. Les héritiers de l'absent devront aussi exécuter les baux qui n'excéderaient pas neuf années, si, le décès étant connu, il était prouvé qu'à cette époque les envoyés n'étaient pas les plus proches parents (1).

3° *Recouvrement des sommes dues et paiement des dettes de l'absent.* Les envoyés peuvent et doivent recevoir les capitaux, ils donnent bonne et valable quittance aux débiteurs; s'ils sont débiteurs de l'absent, ils doivent se payer à eux-mêmes (2). S'ils sont créanciers de l'absent, ils ont le droit de se faire payer; c'est même un devoir pour eux, si la dette produit des intérêts onéreux pour l'absent (3). Dans ce cas, l'envoyé agira contre un curateur chargé de vérifier sa créance et d'en constater le paiement. (Arg. d'anal. de l'art. 996, Pr.).

L'envoyé en possession provisoire répond du place-

(1) Cette application par analogie des art. 1429 et 1430 n'est pas universellement admise. M. Demolombe (*Absence*, n° 105) permet aux tribunaux d'obliger, suivant les circonstances, l'absent à exécuter un bail qui excéderait neuf ans, si des motifs légitimes et la bonne foi des envoyés expliquent cette longue durée; il argumente de l'art. 1673. Le vendeur qui exerce le réméré doit respecter les baux faits sans fraude par l'acquéreur. C'est aussi la doctrine de Proudhon. (*Traité de l'usufruit*, t. I, n° 52.)

(2) A semetipso cur non exegerit, ei imputabitur. Loi 6, p. 12, de negotiis gestis, III, 5, D.

(3) La cour de cassation a appliqué par analogie à l'envoyé en possession l'art. 996 Pr., qui statue dans l'hypothèse où l'héritier bénéficiaire aurait une créance exigible contre la succession. Arrêt du 6 déc. 1836.

ment des capitaux et de l'insolvabilité des débiteurs; s'il y a eu imprudence et négligence de sa part, c'est un point de fait laissé à l'appréciation des tribunaux. Enfin il doit, en sa qualité d'administrateur, défendre aux actions dirigées contre l'absent (art. 134); il peut même intenter l'action en partage (art. 817). Nous reviendrons sur ce point.

§

II. *Actes de disposition.* — 1° *Aliénations et constitution d'hypothèques.* L'envoyé en possession provisoire, simple administrateur, ne peut aliéner; l'art. 128 le lui défend, et sa disposition est répétée dans les articles 1988 : *Le mandat conçu en termes généraux n'embrasse que les actes d'administration*; et 2124 : *Les hypothèques conventionnelles ne peuvent être consenties que par ceux qui ont la capacité d'aliéner les immeubles qu'ils y soumettent.*

Toutefois un tempérament nous paraît devoir être apporté à cette disposition absolue de l'article 128. En principe, pas d'aliénation, pas d'hypothèque possible pour l'envoyé. Si néanmoins l'aliénation et l'hypothèque constituent des actes nécessaires et conservatoires du patrimoine de l'absent; s'il a laissé 100,000 francs de dettes, par exemple, produisant intérêt à 6 0/0, et un immeuble de 100,000 francs rapportant 3 0/0, pourquoi n'aliénerait-on pas? ou bien encore si l'immeuble a besoin de réparations urgentes, il n'y a pas de mobilier, pas de capitaux, pourquoi ne recourrait on pas à l'hypothèque? L'envoyé pourrait sans doute vendre et hypothéquer comme gérant d'affaires et en se portant fort pour l'absent; mais il est possible que les tiers ne veuillent pas courir les chances d'un contrat, subordonné à l'utilité de la gestion (art. 1375) ou à la ratification de l'absent (art. 1120). Aussi n'hésitons-nous pas à dire que la justice peut autoriser les envoyés en possession provisoire à aliéner et à hypothéquer, s'il y a utilité absolue, ou même avantage évident; nous basons cette solution sur l'intérêt de l'absent, qui serait mal protégé par une prohibition trop rigoureuse. La loi dans des hypothèses analogues, lorsqu'il s'agit des biens des mineurs (art. 452), des biens dotaux qu'elle déclare cependant inaliénables (art. 1554-1558-1559), permet les actes de disposition; il y a plus, elle donne dans l'article 112 au tribunal, alors que l'absence n'est encore que présumée, le pouvoir d'ordonner les mesures qu'il croira nécessaires, par conséquent l'aliénation et l'hypothèque s'il y a lieu. Enfin, quant à l'hypothèque, . 2126 nous semble formel : *Les biens des absents, tant que la possession n'en est déférée que provisoirement, ne peuvent être hypothéqués qu'en vertu de jugements;* à moins qu'on ne veuille soutenir que cet article, placé dans la section relative aux hypothèques conventionnelles, ne s'applique qu'à l'hypothèque judiciaire.

Si maintenant l'envoyé en possession provisoire a vendu ou hypothéqué de sa propre autorité, ces aliénations et hypothèques seront nulles à l'égard de l'absent;

mais quel sera leur effet *inter partes?* La question doit se résoudre par une distinction.

La vente est régulière et obligatoire entre les parties, si l'envoyé a vendu l'immeuble comme bien d'absent, et en sa qualité d'envoyé. Dans ce cas, il est réputé avoir cédé à l'acheteur son droit éventuel à la propriété. C'est un contrat aléatoire dont chaque partie a volontairement accepté les chances. L'acheteur a pris, quant à la chose vendue, la place de l'envoyé; il a les mêmes droits et est soumis aux mêmes obligations. Mais si l'envoyé a vendu le bien de l'absent comme sien, l'acheteur qui a cru acquérir une propriété irrévocable, en échange de son prix, et qui ne reçoit qu'un droit éventuel, peut demander la nullité de la vente. Si en fait il a su qu'on lui vendait un bien d'absent, l'acquéreur doit alors tenir le contrat, sauf plus tard, s'il était évincé, à recourir contre l'absent.

Au surplus l'acquéreur de biens d'absents, vendus par l'envoyé en possession provisoire sans l'autorisation de justice, peut prescrire dans tous les cas, par trente ans, ou même par vingt ans, s'il était de bonne foi(1) (art. 2262-2265).

Quant à l'envoyé qui a vendu ce bien d'absent, il répond comme tout vendeur de ses faits personnels, et ne peut évincer l'acheteur sans que celui-ci ne lu oppose la maxime : *Quem de evictione tenet actio*,

(1) M. Valette suppose même qu'il pourrait prescrire par dix ans dans l'hypothèse fort rare où l'absent serait demeuré caché dans le ressort de la cour impériale où était situé l'immeuble (art. 2265.) M. Val., sur Proudhon, t. 1, p. 346, note *a*.

eumdem agentem repellit exceptio. Il ne peut pas dire : J'ai vendu la chose d'autrui : la vente est nulle (article 1599), car ce bien qu'il a aliéné, peut-être un jour en sera-t-il propriétaire.

Quant à l'hypothèque constituée par l'envoyé de sa propre autorité et pour son propre compte, elle est valable à son égard par les mêmes motifs, et doit être considérée comme accordée sous la condition qui affecte le droit de l'envoyé lui-même (art. 2125).

Les envoyés pourraient-ils aliéner sans formalités les meubles dont le tribunal n'aurait pas ordonné la vente? On l'a soutenu en argumentant *à contrario* de l'article 128, qui, en prohibant expressément et spécialement l'aliénation des immeubles, autorise implicitement l'aliénation des meubles ; l'envoyé, ajoute-t-on, est un administrateur, mais le droit d'administration, quand il est très étendu, comprend le droit d'aliéner le mobilier (art. 1449). L'opinion contraire nous semble mieux fondée d'après l'article 126 : en accordant l'envoi en possession provisoire, le tribunal peut ordonner la vente de tout ou partie des meubles; s'il n'a ordonné l'aliénation que d'une partie du mobilier, il impose par là même à l'envoyé l'obligation de conserver le reste : donc la vente qu'il en consentirait serait nulle puisqu'elle émanerait d'un non-propriétaire et d'un mandataire qui a excédé les limites de son mandat. La femme séparée de biens a le droit d'aliéner son mobilier, non pas seulement parce qu'elle administre, mais aussi, et surtout, parce qu'elle est propriétaire.

Du reste fixons-nous bien sur la portée de cette solution : tout acquéreur d'un meuble corporel, s'il est de bonne foi, sera protégé par la prescription de l'art. 2279. — Si au contraire l'acquéreur est de mauvaise foi, ou, si étant de bonne foi, il a reçu un meuble incorporel, une créance, l'absent peut valablement revendiquer contre lui, car il ne peut plus lui opposer utilement la maxime : *En fait de meubles possession vaut titre.*

L'envoyé en possession ne pouvait pas non plus donner en nantissement un objet mobilier appartenant à l'absent sans l'autorisation de justice.

2° *Exercice des actions actives ou passives.* Pendant la période de prescription d'absence, les tiers qui auraient eu des droits à exercer contre l'absent devaient les faire valoir contre lui, l'assignant à son domicile, par les voies ordinaires et obtenant contre lui un jugement par défaut. Après l'envoi en possession provisoire, c'est contre les héritiers présomptifs envoyés en possession provisoire que doivent être dirigées les réclamations de ceux qui prétendent avoir quelques droits contre l'absent, ce sont eux qui doivent être assignés, c'est contre eux que sont prononcées les condamnations, et contre eux qu'elles s'exécutent. L'art. 134 est formel sur ce point. S'il existe plusieurs héritiers présomptifs envoyés en possession, les dettes se divisent entre eux comme les biens; chacun ne peut être actionné que proportionnellement à la part active qu'il a reçue, et pour laquelle il représente l'absent; mais sur cette part est-il tenu *in infinitum* et sur ses biens personnels, comme il le serait si la succession était réellement ouverte; ou bien, pour échapper à cette conséquence, doit-il accepter la succession provisoire qui lui échoit sous bénéfice d'inventaire? Nous pensons que l'envoyé, même héritier présomptif légitime, n'est tenu que dans la limite des biens qu'il possède, et sur ces biens seulement, car, en définitive, il n'est pas héritier, propriétaire des biens, débiteur personnel des dettes; il est dépositaire (art. 125), administrateur provisoire de la fortune d'autrui : il ne peut donc être actionné que relativement aux biens qu'il administre et sur ses biens seulement. On ne peut pas dire que l'envoyé continue la présence de l'absent, c'est tout au plus un successeur aux biens, il ne peut être tenu qu'*intrà vires*, il n'a pas besoin d'accepter bénéficiairement; l'inventaire prescrit par l'article 126 détermine d'ailleurs, au moins indirectement, la portée de son obligation (1).

Mais si la loi dit formellement que c'est contre les envoyés que doivent s'exercer les actions qui compètent aux tiers vis-à-vis de l'absent, elle ne donne pas expressément aux envoyés le droit d'agir comme demandeurs en son nom. De là une difficulté assez sérieuse.

Écartons d'abord un premier point sur lequel tout le monde est d'accord : l'envoyé peut exercer les actions mobilières de l'absent; ce droit compète à tout administrateur de la fortune d'autrui, au tuteur, au mari

(1) Nous avons signalé ci-dessus une conséquence de ce principe que l'envoyé ne continue pas la personne de l'absent, lorsque nous avons fait remarquer qu'il pouvait, comme l'héritier bénéficiaire, réclamer sur les biens de l'absent le paiement de ses créances.

administrateur des propres de sa femme (articles 464 et 1428). Restent les actions immobilières.

MM. Duranton et Demante (1) exigent que l'envoyé soit autorisé de justice pour les intenter. S'il en était autrement, disent-ils, le principe de l'art. 128 qui interdit aux envoyés le droit d'aliéner les immeubles serait facilement éludé. Ils mettraient en possession l'acquéreur, dirigeraient une revendication contre lui, s'arrangeraient pour succomber; la loi serait violée, d'autant plus aisément que l'intervention du ministère public n'est plus exigée pendant les deux dernières périodes de l'absence. L'article 83 du Code de procédure, en effet, s'exprime ainsi : *Seront communiquées au procureur impérial les causes suivantes : 7° les causes concernant ou intéressant les personnes présumées absentes* (2).

Nous préférons le système contraire. L'envoi en possession comprend, assurément, les actions immobilières, comme les autres droits. Or, la possession d'une action consiste dans l'exercice qu'on en fait. D'ailleurs, la loi, par une disposition spéciale, permet à l'envoyé d'intenter seul une action immobilière pour laquelle le tuteur a besoin de l'autorisation du conseil de famille : c'est l'action en partage (art. 817); donc son pouvoir est plus étendu que celui du tuteur. Enfin le danger re-

(1) M. Duranton, t. 1, n° 492.—M. Demante, Encyclopédie, n° 90.

(2) Peut-être cette disposition est-elle trop absolue. Sans doute une fois l'absence déclarée, l'absent est suffisamment représenté par l'envoyé en possession provisoire. Mais si l'envoyé avait des intérêts contraires à ceux de l'absent, il serait plus logique de lui laisser sa procuration; il faudrait rendre à l'absent la protection du ministère public, que la loi, dans d'autres dispositions (articles 116, 126 C. N.—850, 860 Pr.), constitue le contradicteur des intérêts opposés à ceux de l'absent.

douté par l'opinion adverse n'est pas à craindre. L'envoyé exercera sans autorisation, il est vrai, une action immobilière ; mais le tribunal ne sera-t-il pas là pour prévenir toute fraude, toute collusion, et sauvegarder la disposition prohibitive de l'article 128?

Nous résumant sur ce point, nous dirons que les envoyés en possession peuvent exercer toutes les actions qui appartenaient à l'absent, soit comme demandeurs soit comme défendeurs, dès lors que la chose jugée pour ou contre l'envoyé est définitivement jugée pour ou contre l'absent lui-même qu'ils ont représenté (art. 1351). Il s'ensuit que les envoyés ne peuvent être condamnés personnellement aux dépens dans le procès qu'ils soutiennent au nom de l'absent, à moins qu'ils n'aient excédé les bornes de leur ministère ou compromis les intérêts de leur administration, auquel cas il leur serait fait application de l'art. 132 Pr.

§

3° *Transaction, compromis*. — La capacité de transiger se mesure sur celle d'aliéner (art. 2045). Pour compromettre, il faut avoir la libre disposition des droits en litige (art. 1003 Pr.). Enfin, le pouvoir de compromettre ne résulte pas du pouvoir de transiger (art. 1989). Donc les envoyés ne peuvent transiger et compromettre ; de même, ils ne pourraient seuls acquiescer à une demande immobilière, accepter ou répudier une succession échue à l'absent avant sa disparition ou ses dernières nouvelles. Mais nous pensons, bien qu'il n'y ait aucun texte formel, que la justice peut autoriser les envoyés à accomplir ces actes qui, comme l'aliénation et la constitution d'hypothèque, peuvent être pour l'absent d'une utilité réelle. Ainsi, la loi permet la transaction avec autorisation de justice, dans des hypothèses analogues ; elle la permet au tuteur (art. 467), à la femme dotale (art. 1554) qui cependant ne peut aliéner ses biens dotaux, même avec autorisation, que dans certains cas limitativement déterminés.

§

4° *Prescription.* — L'envoyé peut avoir des droits contre l'absent, ou l'absent contre l'envoyé, la prescription court-elle entre eux? La prescription ne court certainement pas contre l'absent au profit de l'envoyé ; administrateur de la fortune qui lui est confiée, il a dû faire les actes qui devaient en assurer la conservation ; s'il était débiteur envers l'absent d'une somme exigible, il a dû payer ce qu'il devait : *A semetipso exigere debuit.*

La réciproque est-elle vraie? L'absent est débiteur de l'envoyé, la prescription courra-t-elle au profit de l'absent? Nous ne le pensons pas. L'envoyé possède les biens qui servent de gage à sa créance, et cette possession semble être une protestation incessante contre toute prescription (1). D'ailleurs, sa situation est ana-

(1) Loi 7, p. 5, de prescript. triginta vel quadraginta annorum, VII, 39 C.

logue à celle de l'héritier bénéficiaire; or, la prescription ne court pas contre l'héritier bénéficiaire à l'égard des créances qu'il a contre la succession (art. 2258). Le motif de cette disposition n'est pas puisé dans la règle : *Contra non valentem agere non currit præscriptio.* Sans doute, l'héritier bénéficiaire créancier de la succession ne peut pas agir contre lui-même; mais il peut agir contre ses cohéritiers ou contre un curateur qu'il fait nommer *ad hoc* (art. 966 Pr.). La loi a voulu éviter des frais inutiles; elle a pensé, d'ailleurs, que, nanti des biens qui composent son gage, sûr d'obtenir le dividende auquel il a droit, l'héritier bénéficiaire n'aurait aucun intérêt à exercer des poursuites contre la succession. Ces motifs ne s'appliquent-ils pas par voie d'analogie à l'envoyé en possession provisoire, créancier de l'absent?

§ IV. — *Rapport des envoyés en possession provisoire les uns avec les autres.*

L'envoi en possession, avons-nous dit, ouvre la succession provisoire de l'absent; donc ceux qui, à l'époque de la disparition ou des dernières nouvelles, étaient ses héritiers présomptifs, peuvent faire entre eux le partage des biens de l'absent (1), suivant les règles tracées dans les articles 815 à 842 au titre *des successions* (2). Mais pourraient-ils se contraindre récipro-

(1) Ils peuvent liciter, mais les étrangers ne seront pas admis à la licitation puisque l'aliénation, des biens de l'absent est prohibée. (Art. 128.)

(2) On a refusé aux héritiers présomptifs envoyés en possession provisoire le droit de demander le partage des biens de l'absent. On s'est fondé sur ces termes de l'article 129 : *Si l'absence a continué trente ans depuis l'envoi*

quement au rapport des dons qu'ils auraient reçus de l'absent sans clause de préciput? Nous ne le pensons pas; les articles 120 et 123 ne comprennent, dans l'envoi en possession, que les biens qui appartenaient à l'absent. Lors de sa disparition ou de ses dernières nouvelles, ces articles sont placés dans la section I, chapitre V, dont la rubrique porte : *Des effets de l'absence relativement aux biens que l'absent possédait au jour de sa disparition*.

Or, le bien donné par l'absent à l'un de ses héritiers présomptifs n'appartenait plus à l'absent; il ne peut donc être compris dans l'envoi en possession provisoire. D'ailleurs, à quoi cela servirait-il? Le but de la loi est de pourvoir à l'administration des biens délaissés par l'absent; le bien donné n'est pas dans ce cas, le donataire le possède et l'administre. L'envoyé en possession provisoire n'est qu'un dépositaire qui ne peut avoir plus de droit que l'absent lui-même : or, dessaisi de l'objet donné, l'absent n'a plus aucun droit contre le donataire. Les partisans de l'opinion contraire invoquent la présomption de mort élevée par l'envoi en possession et l'ouverture provisoire de la succession de l'absent. Cette présomption de mort, disent-ils, est indivisible; l'héritier qui l'invoque pour obtenir l'envoi

provisoire, ou s'il s'est écoulé cent ans depuis la naissance de l'absent, le ayant-droits pourront demander le partage des biens; donc jusque-là ce droit ne leur est pas ouvert. Cette interprétation nous paraît erronée; il est probable que l'article 129 se réfère au cas où l'envoi définitif serait prononcé *de plano*, sans qu'on ait besoin de passer par l'envoi en possession provisoire, soit parce qu'il s'était écoulé, lors de la déclaration d'absence, plus de cent ans depuis la naissance de l'absent, soit parce que le conjoint présent avait opté pour la continuation de la communauté.

en possession de l'hérédité, ne peut en même temps la repousser si, donataire, il est soumis au rapport. Mais rappelons-nous que cette ouverture provisoire de la succession de l'absent n'est qu'une fiction dont les conséquences doivent être écartées, toutes les fois qu'elles seraient contraires à l'esprit ou au texte de la loi.

Cette fiction, nous l'invoquons au contraire, pour résoudre une autre difficulté. Nous savons que tout pacte sur succession future est déclaré nul (art. 79, 1130 et 1600); mais nous validerons ceux intervenus entre les héritiers présomptifs envoyés en possession. Sans doute, la succession de l'absent n'est pas ouverte en réalité; mais les divers ayant-droits ont les biens à leur disposition; la convention, d'ailleurs, n'implique pas le *votum mortis*, puisque c'est la loi elle-même qui appelle les héritiers et leur dit : « Partagez-vous les biens de l'absent, comme s'il était mort. » Or, comment arriver à un partage si l'on ne peut terminer par des pactes les difficultés qui peuvent s'élever? Mais nous n'irons pas jusqu'à maintenir un traité fait entre les héritiers présomptifs de l'absent, avant la déclaration d'absence. L'absent alors n'est pas présumé mort; il y a véritablement convention sur succession future. En vain, dirait-on : Si l'absence est déclarée, le traité aura été fait par des personnes envoyées en possession provisoire sous condition; la condition s'accomplit. Son effet rétroagit au jour des dernières nouvelles; c'est à cette époque, dès lors, que l'absent est présumé mort. Il n'y a pas eu convention sur succession future. Nous répondrons que si la loi fait rétrograder la présomption de décès au jour des dernières nouvelles, elle n'a qu'un but, c'est de connaître et d'appeler ceux qui étaient à cette époque les héritiers présomptifs de l'absent; mais il ne faut pas en conclure qu'à tous autres égards, l'absent soit réputé mort dès ce moment (1).

§ V. — *Rapports des envoyés en possession provisoire avec les tiers.*

La loi fiscale considère les envoyés en possession comme de véritables héritiers; elle les soumet au droit de mutation dans les dix mois de l'envoi en possession provisoire (2). Mais si l'absent reparaît, le droit de mutation est restitué, sous la déduction de celui auquel donne lieu la jouissance des revenus (3).

Dans leurs rapports avec les tiers, nous avons déjà examiné le sort des aliénations d'immeubles et des constitutions d'hypothèques, consenties par les envoyés de leur propre chef; il nous reste à examiner quelques points dont la solution est délicate.

Nous savons qu'entre l'absent et l'envoyé la prescription ne court pas; mais elle court contre l'absent au profit des tiers qui possèdent des biens lui appartenant ou qui lui doivent quelque chose, car l'absence n'est pas une cause de suspension de la prescription (4). Cette règle existait déjà en droit romain, mais elle compor-

(1) Cassation, 2 déc. 1841.

(2) Lois du 22 frimaire an VII, art. 24, et du 28 avril 1816, art. 40.

(3) Décision ministérielle du 24 fructidor an XIII.

(4) Voir toutefois la loi spéciale du 6 brumaire an V, qui suspendait la prescription en faveur des défenseurs de la patrie.

tait de nombreuses exceptions, et l'on accordait la *restitutio in integrum*, à certaines personnes énumérées par les lois; ainsi, les ambassadeurs absents pour le service de l'État, les soldats et employés des armées, ceux qui s'étaient absentés pour faire leurs études dans des universités étrangères : *ne decipiantur per justissimam absentiæ causam* (1).

Nos anciens auteurs avaient multiplié à l'infini les causes de restitution contre la prescription. L'exil, l'excommunication, un procès : autant de motifs pour être relevé de la prescription; si bien que d'Argentré reprochait aux scholastiques « d'avoir réduit à un « mensonge cette sécurité pleine et entière que Justi« nien avait procuré à ceux qui ont prescrit, et d'avoir « ravi à la jurisprudence le bienfait de la prescription, « appelé par Cicéron *finis et metus periculi* (2). » Aussi la plupart des parlements, notamment ceux de Paris, Toulouse et Besançon, écartèrent par leurs arrêts le principe de la restitution pour cause d'absence. Sous le Code il en est de même. Les personnes éloignées de leur domicile peuvent se donner des mandataires, et, quant à celles dont l'existence est ignorée, la loi a pourvu à leur sûreté, en les faisant représenter par ceux-là même qui sont le plus intéressés à veiller sur les biens qui leur sont confiés !

Mais doit-on, en ce qui concerne la prescription, considérer la personne de l'absent ou celle de l'envoyé?

(1) Lois 1, p. 1, et 28, princ. Ex quib. causis, maj. IV, 6, D.
(2) Art. 269, p. 1226, sur ces mots *est défendu*.

La question, selon nous, doit se résoudre par une distinction : Si le conflit s'engage entre le tiers qui invoque la prescription et l'envoyé, celui-ci ne peut invoquer que les causes de suspension qui lui sont personnelles ; si donc il est majeur, il ne peut opposer au tiers la minorité de l'absent, car il faudrait prouver son existence, et, à l'inverse, si l'envoyé est mineur, le tiers ne pourra arguer de la majorité de l'absent, pour dire que la prescription n'est pas suspendue.

Si, au contraire, le conflit s'engage entre l'absent de retour et le tiers, la personne de l'absent est seule à considérer. Il ne peut donc invoquer que les causes de suspension qui lui sont personnelles.

II. Les créanciers personnels de l'envoyé peuvent-ils exercer des droits sur les biens compris dans l'envoi ? On leur a refusé cette prérogative ; on a dit, par exemple, que les hypothèques légales ou judiciaires qui grèvent les immeubles des envoyés ne s'étendront pas sur ceux de l'absent (1). Cette solution nous semble trop absolue. Sans doute les créanciers de l'envoyé ne pourront lier et même saisir et faire vendre ces immeubles ; mais pourquoi ne pourraient-ils inscrire conservatoirement leurs hypothèques, afin d'arriver en temps utile, dans le cas où l'absent étant mort, le droit résoluble de leur débiteur deviendrait définitif (art. 2125) ?

III. Si les envoyés en possession provisoire étaient héritiers à réserve, pourraient-ils agir contre les donataires entre vifs de l'absent, à l'effet de faire réduire les

(1) Zachariæ, t. I, p. 503, 5°.

libéralités qui excéderaient la quotité disponible? Nous ne leur accorderons pas plus ce droit que nous ne leur avons reconnu celui d'exiger le rapport les uns des autres. En effet, les articles 120 et 123 n'appliquent l'envoi en possession provisoire qu'aux biens qui appartenaient à l'absent lors de ses dernières nouvelles. Les biens donnés étaient sortis définitivement de son patrimoine ; et quant à l'action en réduction, elle ne lui appartenait pas, puisqu'elle ne pouvait naître que dans la personne de ses héritiers : donc les envoyés en possession provisoire ne peuvent exercer l'action en réduction ni du chef de l'absent, à qui elle n'a jamais compété, ni de leur propre chef, puisqu'ils n'ont droit qu'aux biens composant le patrimoine de l'absent, lors de sa disparition.

Il y a, du reste, une très-grande raison de distinguer entre les biens appartenant à l'absent et ceux qu'il avait donné à des tiers. Les premiers sont compris dans l'envoi en possession parce qu'il fallait bien pourvoir à leur administration, à leur conservation. D'ailleurs, si la présomption de mort est mal fondée, que l'absent la fasse tomber, qu'il donne de ses nouvelles. Les tiers donataires possèdent au contraire et administrent des biens qui ne peuvent leur être enlevés que par une action en réduction, et, pour que cette action réussisse contre eux, il faudrait que les réservataires prouvassent le décès de l'absent ; car si la loi présume l'absent mort en ce qui concerne les biens qui étaient restés dans son patrimoine, à l'égard des autres biens et contre les tiers à qui il a consenti ses droits, elle ne présume ni sa vie ni sa mort. On rentre dans la vieille règle fondamentale en matière de preuve : *Onus probandi ei incumbit qui dicit* (1). Vous êtes réservataires, vous invoquez une action qui ne peut naître que par le décès de votre auteur, administrez donc la preuve de ce décès !

Nous devons néanmoins convenir que l'opinion contraire invoque en sa faveur des arguments sérieux : les art. 120 et 123 qui autorisent l'exercice de tous les droits subordonnés au décès de l'absent. Le droit de l'héritier réservataire n'est-il pas de cette nature? Le législateur n'a-t-il pas voulu établir, dans l'envoi en possession provisoire, une situation qui pût devenir définitive si l'on ne reçoit pas de nouvelles de l'absent? Enfin on se demande à quelle époque l'action en réduction s'ouvrira contre les donataires. Malgré ces raisons, nous préférons le droit du donataire certain et actuel, à celui des héritiers qui est soumis à toutes les éventualités de l'avenir.

Nous déciderons de même si l'absent usufruitier, donataire avec clause de retour, avait aliéné le bien dont il était donataire ou bien usufruitier : nous n'accorderons pas au donateur ou au propriétaire envoyé en possession provisoire, l'action en revendication contre les tiers.

Par analogie de motifs, si l'absent donataire avec clause de retour, ou usufruitier, avait consenti une hypothèque ou une servitude sur les biens dont il avait la propriété résoluble ou la jouissance, nous maintiendrons ces droits réels jusqu'à l'envoi en possession définitif.

(1) Loi 2, de Probationibus, XXII, 3, D.

Terminons ce rapide examen des principales questions soulevées par la déclaration d'absence, et demandons-nous ce qu'il faudrait décider dans l'hypothèse suivante : Une personne avait un fils en état d'absence; elle fait une donation : doit-elle être considérée comme étant sans enfants au moment de la donation, et par conséquent la révocation s'accomplira-t-elle par la survenance d'un autre enfant, ou par le retour de l'absent? Pothier décidait l'affirmative : « *Si*, dit-il, *l'enfant qui existait lors de la donation était absent de longue absence et qu'on le crût perdu, la donation sera révoquée par la survenance d'un autre enfant, car, par rapport aux motifs sur lesquels la loi est fondée, il est égal de n'avoir pas d'enfants, ou d'en avoir sans le savoir* (1) ». Il nous semble qu'aujourd'hui encore, c'est le meilleur parti à prendre. La solution de l'ancien droit est conforme à l'esprit de la loi, et aucune disposition de nos Codes ne la contredit.

§ VI. — *Dispense de restituer tout ou partie des fruits.*

Nous verrons plus tard dans quels cas et à quelles personnes les envoyés provisoires doivent restituer les biens qu'ils ont administrés. Mais, dans aucun cas, cette restitution n'est complète. Elle comprend bien tous les capitaux dont se composait le patrimoine de l'absent, au moment de l'envoi en possession ; quant aux fruits et revenus qu'ils ont produits, les envoyés qui les ont

(1) Donations entre vifs, sect. III, art. 2, § 2.

perçus ont le droit d'en retenir une portion plus ou moins forte ou même la totalité, suivant que l'absence a duré plus ou moins longtemps. Ce droit leur est conféré par l'art. 127 : *Si l'absent reparaît avant quinze ans révolus, les envoyés ne lui rendront que le cinquième des revenus; ils lui rendront le dixième, s'il ne reparaît qu'après les quinze ans. Après trente ans d'absence, la totalité des revenus leur appartient.*

Quel est le motif de cette disposition? On en a donné plusieurs. On a vu dans cette dispense de restituer tout ou partie des fruits, la juste rétribution des soins donnés par les envoyés aux biens de l'absent. Cette raison est exacte, mais ne suffit pas pour expliquer l'art. 127. En vérité le salaire serait exorbitant, les quatre cinquièmes ou les neuf dixièmes des revenus! Ce n'est pas ainsi qu'on indemnise un administrateur d'une gestion, si longue, si difficile qu'elle ait été. Cette indemnité si forte, observe-t-on encore, était commandée par l'intérêt même de l'absent dont la fortune aurait pu rester sans administrateur, si l'envoi en possession n'eût été qu'un fardeau sans compensation. Mais à quoi bon convier les héritiers présomptifs à requérir la déclaration d'absence? La fortune de l'absent n'est-elle pas suffisamment sauvegardée pendant la première période? La véritable raison nous paraît être celle-ci : les envoyés provisoires finissent par se croire propriétaires, comme ils le seront probablement un jour; ils perçoivent les fruits en quelque sorte, comme siens, et, convaincus qu'ils ont le droit d'en disposer, ils les consomment au jour le jour : *bona adhuc aliena, sed tamen jam sua;* ils vivent plus largement : *latius vivunt*. Or, s'ils étaient obligés de comprendre dans la masse à restituer, les fruits qu'ils ont perçus et consommés, ils seraient la plupart du temps ruinés. Voilà pourquoi la loi les traite, par analogie de motifs, à peu près comme elle a traité le possesseur de bonne foi, qu'elle dispense de rendre la totalité des fruits par lui perçus (art. 549).

Cette explication de l'art. 127 donne la solution de plusieurs points assez délicats.

Supposons que l'absent paraisse la veille de la récolte ; si l'attribution des fruits faite d'après l'art. 127 est un salaire, les envoyés réclameront leur part des fruits encore pendants, lorsqu'ils seront moissonnés, *pro culturâ et curâ*, comme le mari réclamera les fruits du fonds dotal, en proportion de la durée des mariages et des charges qu'il a eues à supporter (art. 1574). Si, au contraire, la loi a voulu traiter l'envoyé comme un possesseur de bonne foi, l'absent prendra à lui seul toute la récolte, sauf récompense pour les frais de labour et de semences. Pourquoi, en effet, la loi dispenserait-elle les envoyés de rendre compte des fruits qui sont là pendants par branches et racines, qui d'ailleurs appartiennent, tant qu'ils ne sont pas perçus, au propriétaire du sol par droit d'accession (art. 547)? Le propriétaire reparaît ; il reprend son immeuble couvert des fruits, qui, tant qu'ils sont sur pied, n'ont pas une existence indépendante de celle du fonds. Il donnera une indemnité aux envoyés pour frais de culture : voilà tout ce qu'ils sont en droit d'exiger (art. 548 et 1381). A l'inverse, si l'absent reparaît le lendemain d'une récolte, l'envoyé pourra réclamer la part de fruits qui lui est attribuée par l'art. 127. La loi, en un mot, le traite comme le possesseur de bonne foi; il a les bonnes et les mauvaises chances (1).

Appliquerons-nous l'art. 127 aux fruits civils? Les fruits civils (art. 586) s'acquièrent jour par jour. Dirons-nous que l'envoyé en possession aura droit à tout ou partie des arrérages échus ou non échus, mais non encore payés? M. Duranton, qui applique les règles du régime dotal quand il s'agit de fruits naturels, et les attribue aux envoyés, en proportion du temps qu'a duré la jouissance pendant la dernière année, décide de même quand il s'agit de fruits civils (2). Cette décision serait conforme aux principes, si les envoyés étaient réellement usufruitiers des biens de l'absent; mais il n'en est rien : ils ne peuvent prétendre aux fruits qu'en vertu de l'attribution légale qui leur en est faite dans l'art. 127. Or, cet article suppose des fruits *perçus* en la possession des envoyés; il ne peut donc s'appliquer aux fruits civils non encore perçus, dont l'absent ira demander compte, non pas à ceux qui n'ont rien touché, mais aux débiteurs eux-mêmes (3).

Il va sans dire que la portion de fruits attribuée aux envoyés ne se calcule que sur le revenu net, c'est-à-dire

(1) Notre solution est d'ailleurs conforme au texte de l'art. 127. « Ceux « qui, par suite de l'envoi en possession provisoire, auront joui des biens de « l'absent ne seront tenus de lui *rendre*.... etc. »; donc ils sont nantis, donc cette disposition ne s'applique qu'aux fruits perçus. Voir aussi l'art. 132 : « l'absent reprend ses biens *dans l'état où ils se trouvent.* »

(2) T. I, nos 498 et 507.

(3) Cassation, 30 juin 1840.

déduction faite des dépenses qui sont charges de fruits, telles que les frais de labour et semences, contributions, menues réparations et réparations d'entretien, etc. — Quant aux grosses réparations, elles ne seraient à la charge des envoyés que si elles avaient été occasionnées par le défaut de réparations d'entretien; sinon elles doivent être acquittées avec les capitaux de l'absent; et, s'il n'en avait pas, au moyen d'un emprunt, ou même de l'aliénation d'un de ses biens, d'après les règles tracées dans les articles 609 à 612 (1).

Un dernier point nous reste à examiner. La loi, avons-nous dit, partage, quant à l'attribution des fruits qu'elle fait aux envoyés en possession ou à l'administrateur légal (2), l'absence en trois périodes. Si l'absent reparaît avant quinze années révolues, date de sa disparition, ils restituent un cinquième; s'il reparaît après quinze ans, date de la même époque, ils rendent un dixième. *Après trente ans d'absence*, la totalité des re-

(1) Nous avons montré plus haut comment, en définitive, l'envoyé provisoire supportait toujours sa part même des grosses réparations (sect. IV, § 3, I, 1°.)

(2) L'article 127 attribue le droit aux fruits « à ceux qui, par suite de l'envoi provisoire ou de l'administration légale, auront joui des biens de l'absent. » On s'est demandé quelle était la portée de ces mots : ADMINISTRATION LÉGALE, s'il fallait les appliquer seulement au conjoint, qui, optant pour la continuation de la communauté, en prend ou conserve l'administration (art. 124), ou bien à tout individu nommé par la justice administrateur des biens de l'absent. C'est dans ce dernier sens que s'est prononcée la cour suprême, par arrêt du 20 décembre 1830. Cette jurisprudence confond l'administrateur nommé par le tribunal avec celui qui tient ses droits de la loi elle-même; elle fait de la portion de fruits attribués à ceux qui auront joui des biens de l'absent, un salaire, et nous avons démontré que tout autre était le fondement de l'article 120.

venus leur appartient (1). Quel est le point de départ de cette troisième période? La loi ne l'a pas déterminé d'une manière précise. Est-ce, comme pour les deux premières, le jour de la disparition? Est-ce le jour de la déclaration d'absence?

En s'appuyant sur l'article 127, on peut soutenir cette seconde opinion. *Après trente ans d'absence*, dit la loi, et jusqu'à la déclaration d'absence, il n'y a que présomption d'absence et non pas absence. Nous pensons, au contraire, que les trente ans se comptent à partir de la disparition. C'est à l'envoyé provisoire que la loi attribue la totalité des fruits après trente ans d'absence; or, si ce délai ne commençait à courir qu'à dater du jour de la déclaration, l'attribution aurait lieu le plus souvent au profit de l'envoyé en possession définitif, car l'envoyé provisoire peut, après ce délai, obtenir la position plus avantageuse d'envoyé définitif, et il sera bien rare qu'il n'ait pas usé de son droit. Quant au mot *absence*, dont la loi se sert dans l'article 127-2°, il est souvent employé, notamment par la rubrique de notre section II, dans un sens large qui comprend même la simple présomption d'absence.

SECTION V. — COMMENT FINIT L'ENVOI EN POSSESSION PROVISOIRE.

L'envoi en possession provisoire cesse :

1° Par le retour de l'absent. Les envoyés lui restituent

(1) Il va sans dire que lorsque la demande en restitution a été formée contre les envoyés provisoires, ils deviennent possesseurs de mauvaise foi (art. 549, 550) et doivent tous les fruits. (Cass. 3, août 1820.)

les biens qui leur avaient été confiés sous la retenue de la portion ou de la totalité des fruits, ainsi qu'il est dit en l'article 127.

2° Par la réception de ses nouvelles. L'existence devient certaine; la déclaration d'absence cesse de plein droit; les envoyés en possession ne gagnent plus les fruits; ils n'ont plus que le droit d'administrer les biens qu'ils détiennent encore (art. 131). On retombe de la période de simple présomption d'absence, et l'on applique les articles 112 à 114 (1).

3° Par le décès prouvé de l'absent. Deux cas sont alors à considérer : les envoyés provisoires sont-ils encore, de même qu'ils l'étaient à l'époque de la disparition ou des dernières nouvelles, les héritiers les plus proches de l'absent à l'époque connue de son décès; les biens leur restent définitivement. — Dans l'hypothèse contraire, ils doivent les restituer, sous la réserve des fruits par eux acquis en vertu de l'article 127, à ceux qui étant, à l'époque connue du décès, les plus proches parents de l'absent, les excluent (art. 130).

4° Par l'envoi en possession définitif (art. 129).

Nous reviendrons sur l'explication de ces dispositions.

(1) Il faut donc bien distinguer le cas où l'absent revient et le cas où l'on acquiert seulement la preuve de son existence. Dans la première hypothèse, il n'y a plus ni absence déclarée, ni même simple présomption d'absence; dans la seconde, on retombe dans la période de présomption d'absence, et si un nouveau délai de quatre ans (ou de dix ans dans le cas où les nouvelles contiendraient nomination d'un mandataire) s'écoulait à partir de ces nouvelles, on pourrait demander une nouvelle déclaration d'absence. Il y a plus, si les nouvelles sont d'une date très-reculée, elles permettent, tout en faisant cesser la première déclaration d'absence, d'en solliciter immédiatement une seconde.

CHAPITRE II

DE L'INFLUENCE DE L'ABSENCE SUR LES CONVENTIONS MATRIMONIALES DE L'ABSENT.

Quel que soit le temps écoulé depuis l'absence, y eût-il un siècle accompli depuis la naissance de l'absent, quand la certitude morale de la mort serait arrivée à son dernier terme, il n'est jamais permis au conjoint présent de contracter une nouvelle union, et toutes les personnes que la loi admet à former opposition au mariage pourraient s'y opposer. L'absent n'est pas un mort civil, et il était digne du législateur, tout en admettant encore le divorce, de proclamer dans l'article 139 le principe de l'indissolubilité du lien conjugal, qui devait être généralisé par les lois des 8 mai 1816 et 31 mai 1854, abolitives du divorce et de la mort civile.

Pendant la période de présomption d'absence, rien n'est changé aux conventions matrimoniales de l'absent; le *statu quo* est maintenu. Si le mari est présumé absent, la femme pourra demander quelques mesures conservatoires, relativement à l'administration de ses biens personnels, où même des propres de son mari, dont les revenus doivent contribuer aux charges du mariage; elle pourait même obtenir cette administration provisoire. — Si la femme est présumée absente et que les époux soient mariés sous un régime qui accorde au mari la jouissance des biens de la femme, c'est-à-dire sous les régimes de communauté, dotal et exclusif de communauté; rien n'est changé : le mari conserve cette jouissance; seulement il devra se faire autoriser du tribunal pour tous les actes qui dépasseraient ses pouvoirs; ainsi : provoquer un partage définitif d'un propre de sa femme (art. 818); aliéner un des propres de celle-ci ou l'immeuble dotal (art. 1428 et 1558). Si les époux étaient séparés de biens, le mari présent, n'ayant pas l'administration des biens de sa femme, pourra requérir les mesures conservatoires de l'article 112; il est intéressé à la bonne administration des biens de sa femme, dont les revenus contribuent à l'entretien de la famille. Enfin, il devrait également se faire autoriser pour administrer les paraphernaux de sa femme présumée absente, s'il y avait régime dotal.

Ainsi, pendant la première période, quel qu'il soit, le contrat de mariage est respecté; mais arrive la déclaration d'absence : si, comme nous l'avons vu, le mariage subsiste, malgré la présomption de mort qui résulte de l'absence, il semblerait logique de maintenir aussi le contrat accessoire du mariage, réglementant les intérêts pécuniaires des époux. Tel n'a pas été cependant le système de la loi : l'absent est réputé mort quant à ses conventions matrimoniales; le mariage subsiste sans aucune atteinte; le contrat de mariage est provisoirement dissous. Toutefois, l'époux présent est maître d'empêcher la rupture des conventions matrimoniales et l'envoi en possession au profit de tous les intéressés, en prenant l'administration des biens communs, si les époux étaient mariés en communauté (art. 124).

Si les époux étaient mariés sous tout autre régime, cette circonstance n'apportera aucune modification à la théorie de l'envoi en possession provisoire, que l'époux présent le veuille ou non; tous ceux qui ont des droits subordonnés au décès de l'absent en obtiendront l'exercice (art. 120 à 123). Pourquoi cette différence entre la communauté et les autres régimes? Il y a dans la loi une injustice, puisque l'époux présent, quoique toujours lié par son mariage, se trouve contre sa volonté et par la faute de son conjoint, dépouillé au profit des héritiers présomptifs et des légataires, des avantages pécuniaires attachés à cette qualité d'époux que la loi lui conserve; il y a une inconséquence : pourquoi favoriser ainsi l'époux commun en biens et sacrifier sans compensation aucune l'époux marié sous le régime exclusif de communauté ou sous le régime dotal? Cette différence entre les régimes matrimoniaux n'a donc aucune raison d'être. La présomption de la mort de l'absent est toujours la même, et sa gravité ne dépend pas du régime matrimonial adopté par les époux. La loi a voulu, dans l'intérêt de l'absent, concentrer dans une seule main le gouvernement de sa fortune, compenser le veuvage forcé qu'elle impose à l'époux présent; elle a considéré que la communauté est une véritable société, un contrat synallagmatique qui ne peut se dissoudre contre la volonté et au préjudice de l'époux présent. Ces motifs, qui ont dicté l'article 124, ne s'appliqueraient-ils pas à tous les régimes de mariage?

Quoi qu'il en soit, la loi est formelle et la seule explication possible de l'article 124 est sans doute que les rédacteurs du Code, ignorant encore ce qu'ils décréteraient au titre du contrat de mariage, ne sachant pas s'ils adopteraient le régime dotal, se sont préoccupés exclusivement du régime de communauté.

Du reste, l'article 124 s'applique à tout époux commun en biens : que la communauté soit légale ou conventionnelle ; qu'il y ait une communauté d'acquêts stipulée en même temps que le régime dotal (art. 1581) ; que le contrat de mariage ait assigné aux époux des parts inégales dans la communauté (art. 1520 à 1525).

La théorie de l'article 124 est toute nouvelle. Autrefois, suivant certains jurisconsultes, la communauté était censée subsister, jusqu'à ce que l'absent eût atteint cent ans (1). Suivant eux la femme présente jouissait des biens communs, et les administrait, sauf à donner caution. Quant au gain de survie et de douaire, elle n'en avait pas la jouissance ; car on disait avec raison : Pour donner ouverture à ce droit, il faut survie constatée et la simple présomption de mort ne suffit pas.

Suivant d'autres jurisconsultes parmi lesquels Lamoignon (2), la communauté était provisoirement dissoute cinq ans après les dernières nouvelles ; la femme obtenait alors, sous caution, la délivrance de son douaire et de ses autres conventions matrimoniales. Breton-

(1) Bourjon, t. I, p. 104, n° 3 et 4. Le projet de Code avait voulu étendre cette présomption au mariage lui-même. L'article 27 du projet autorisait le second mariage du conjoint présent, dans le cas où l'absent serait parvenu à sa centième année. Il a été repoussé sans discussion.

(2) Arrêtés, T. I, Absent.

nier (1) était du même avis, sauf qu'il estimait que le douaire et les gains de survie ne devaient être délivrés à la femme qu'après dix ans d'absence du mari. Enfin, Pothier (2), s'exprimait ainsi : « *Lorsque l'un des con-* « *joints est absent, sans qu'on sache s'il est mort ou vi-* « *vant, la communauté est provisionnellement réputée* « *dissoute du jour de la demande qui a été donnée con-* « *tre le conjoint présent, par les héritiers présomptifs de* « *l'absent, qui, après le temps fixé par la coutume ou* « *par l'usage, se sont fait envoyer en possession des biens* « *de l'absent, ou du jour de celle que le conjoint a* « *donnée contre eux.* »

Ces principes posés, et la portée de l'article 124 bien déterminée, nous allons étudier successivement chacun des termes de l'alternative laissée à l'époux présent par la loi; nous nous demanderons quels sont les effets de la continuation de la communauté, combien de temps elle dure, comment elle cesse; nous verrons ce qui se passe dans l'hypothèse où l'époux présent aurait opté pour la dissolution provisoire de la communauté; enfin nous examinerons ce qu'il faut décider dans le cas où l'absent commun en biens reviendrait après l'envoi en possession définitif.

SECTION Ire. — L'ÉPOUX PRÉSENT COMMUN EN BIENS OPTE POUR LA CONTINUATION PROVISOIRE DE LA COMMUNAUTÉ.

L'article 124 est ainsi conçu :

L'époux commun en biens, s'il opte pour la continua-

(1) Quest. Alph., p. 4.
(2) Communauté, n° 505.

tion de la communauté, pourra empêcher l'envoi provisoire et l'exercice provisoire de tous les droits subordonnés à la condition du décès de l'absent, et prendre ou conserver par préférence l'administration des biens de l'absent.

La continuation de la communauté a donc un double effet ; elle détruit au point de vue des conventions matrimoniales la présomption de la mort de l'absent, qui résultait de la déclaration d'absence ; elle empêche l'ouverture provisoire de la succession, et protége l'époux présent contre les héritiers présomptifs et les légataires, en un mot contre tous ceux qui avaient des droits subordonnés au décès de l'absent.

Ici se place une remarque importante. Nous savons que la déclaration d'absence donne lieu de faire provisoirement ce qu'on ferait définitivement, si la mort de l'absent était certaine. Il y aura donc lieu, s'il a laissé des enfants mineurs, à déférer la tutelle suivant les règles tracées au titre x du livre i. Or le conjoint survivant pourrait empêcher cette ouverture de la tutelle en optant pour la continuation de la communauté, car la présomption de mort sera effacée, le conjoint présent conservera la surveillance et l'administration, comme exerçant la puissance paternelle qu'il a toujours eue, si le conjoint présent est le père, et qu'il a prise lors de la disparition du père en vertu de l'article 141, si ce conjoint est la mère (1).

Mais si la communauté n'avait pas droit sur tous les

(1) Les dispositions des art. 141 à 143 ne s'appliquent qu'au cas de présomption d'absence.

biens de l'absent, il y aura lieu, par suite de l'option de l'époux présent, à continuation pour les biens communs et à envoi provisoire pour les autres. Quant aux premiers, l'absent serait réputé vivant, et quant aux seconds, il serait réputé mort; la déclaration d'absence produirait ses effets, la tutelle serait ouverte et l'époux présent devrait faire nommer un subrogé-tuteur.

Dans quels délais et suivant quelles formes doit être faite l'option laissée à l'époux présent? La loi est muette sur ce point. Nous pensons qu'elle peut être faite tant que l'époux présent n'a pas expressément ou tacitement renoncé au droit de la faire, donc, même après l'envoi en possession provisoire, s'il a été prononcé à son insu; si au contraire il avait été appelé, et qu'il eût gardé le silence, il serait présumé avoir opté pour la dissolution de la communauté.

Quant aux formes, il n'y en a pas de déterminées. Le mari, s'il est présent, pourra notifier son option à tous ceux qui auraient sur les biens de la femme des droits subordonnés à la condition de son décès, ou si l'envoi en possession provisoire était déjà demandé, intervenir en cause, afin de s'opposer à l'exercice desdits droits. Si c'est la femme, elle devra dans tous les cas se faire autoriser de justice.

L'époux présent a donc opté pour la continuation de la communauté. La loi va prendre en main l'intérêt de l'absent, exiger des garanties et limiter les pouvoirs de l'administrateur légal.

§ Ier. — *Garanties de restitution.*

L'article 126 doit-il être appliqué dans toutes ses dispositions? exigera-t-on de l'époux présent toutes les garanties que l'on demande à l'envoyé provisoire: inventaire, vente du mobilier, emploi des capitaux, caution, état des immeubles? Il faut, ce semble, user de distinctions.

L'article 126 impose l'inventaire en termes impératifs, à l'envoyé provisoire et à l'époux qui aura opté pour la continuation de la communauté, et il paraît difficile de distinguer comme on l'a fait, si c'est le mari qui est présent ou la femme. L'inventaire d'ailleurs n'empêchera pas le mari de conserver ses droits sur le mobilier de la communauté, mais il servira à en déterminer la consistance dans le cas où il y aurait une liquidation, par suite du décès prouvé de l'absent (1). Au contraire, la vente du mobilier, l'emploi des capitaux, ne sont pas des mesures impératives; le tribunal peut prescrire la vente, *s'il y a lieu*, dit la loi. Eh bien ! il n'y a pas lieu d'ordonner ces mesures quand c'est le mari présent qui opte pour la dissolution de la communauté, car il conserve ses pleins pouvoirs d'administration. L'emploi du prix de vente et des fruits échus n'a

(1) Toullier (I, n° 466) s'exprime ainsi : « L'obligation de faire inventaire n'est imposée à l'époux présent qu'à l'égard du mobilier et des titres de l'absent, non pas à l'égard du mobilier de la communauté continuée. Il ne peut y avoir aucun doute à l'égard du mari présent, qui, en sa qualité de chef de la communauté, conserve le droit de disposer du mobilier. »

lieu qu'en cas de vente (1); nous distinguerons donc entre le mari et la femme.

Mais le point le plus délicat, et le plus vivement controversé, est celui ci : l'époux présent optant pour la continuation de la communauté, doit-il fournir la caution que la loi exige des envoyés en possession provisoire (art. 123, *in fine*)? Plusieurs opinions sont en présence. Toullier distingue, comme pour l'inventaire, entre le mari et la femme (2). La femme en effet prend l'administration des biens communs qu'elle devra remettre à son mari, en lui rendant compte, s'il reparaît. Elle doit donc donner caution pour la garantie de son administration. La situation du mari n'est en rien changée; pourquoi sa responsabilité serait-elle plus étroite? D'autres exigent la caution sans distinction, se fondant sur les motifs que nous avons donnés tout à l'heure, pour dire que le mari comme la femme étaient tenus de l'inventaire (3). Ils argumentent de l'article 129, qui, déchargeant les cautions après l'envoi en possession définitif, vise à la fois, et le cas d'envoi en possession provisoire et celui de continuation de la communauté. Nous ne pensons pas que telle soit la pensée du législateur. Toutes les fois que la loi exige une caution, soit de l'époux administrateur soit des envoyés, elle le dit explicitement (art. 120-123-124). Il est donc impossible de voir un oubli dans le silence de la loi, lorsque l'article 124, qui s'occupe à la fois de l'époux qui opte pour

(1) Art. 126.
(2) I, n° 470.
(3) Arrêt de Paris, 9 janvier 1826.

la continuation de communauté, et de l'époux qui opte pour sa dissolution, n'exige la caution que de ce dernier. Distinction peut-être peu rationnelle, l'utilité de la caution se concevant dans les deux hypothèses, mais enfin qu'il faut admettre, si l'on ne veut s'exposer à refaire la loi (1). Quant à l'argument tiré de l'art. 129, ne peut-on pas répondre que cet article a pour objet, non d'indiquer quelles personnes sont tenues de donner caution, mais simplement de décharger les cautions qui ont été fournies? Or, la question de savoir dans quel cas il doit être donné caution est réglée par les art. 123 et 124.

Enfin la dernière mesure, facultative pour les envoyés en possession, et toute dans leur intérêt, la constatation de l'état des immeubles, n'est pas *à fortiori* obligatoire pour l'époux qui demande la continuation de la communauté.

§ II. — *Pouvoirs de l'époux administrateur légal.*

Le Code ne prend pas la peine de les déterminer. Il applique bien les art. 126 et 127 relatifs aux garanties de restitution et aux fruits, à l'époux administrateur légal; mais une seule disposition se réfère à ses pouvoirs, c'est l'art. 134 : *Toute personne qui aurait des droits à exercer contre l'absent, ne pourra les pour-*

(1) La distinction établie en l'art. 124 ne pouvait-elle pas d'ailleurs se justifier par cette considération que le législateur, favorable à la continuation de la communauté, qui empêche le morcellement des biens de l'absent, a voulu la rendre plus facile, en affranchissant l'époux qui opte pour elle de l'obligation de donner caution?

suivre que contre ceux qui auront été envoyés en possession des biens et qui en auront l'administration légale. Il faut donc demander aux principes généraux du droit de combler les lacunes qui, sur ce point, existent dans la loi.

Il est d'abord évident que l'époux présent peut faire les actes de simple administration : la femme elle-même n'a pas besoin d'y être habilitée par justice, car elle est capable de faire seule les actes d'administration (art. 1449 et 1556). Pothier le remarque très-judicieusement : « *Comme il n'est pas possible,* dit-il, *que la* « *femme ait recours à l'autorisation du juge pour cha-* « *cun des actes qui concernent l'administration des* « *biens, tant de son mari que d'elle, j'aurais de la* « *peine à ne pas regarder comme valables tous les* « *actes de pure administration, quoique faits sans au-* « *torisation* (1). »

Quant aux actes de disposition, la question est plus délicate. Nous pensons qu'il faut distinguer entre le mari et la femme. La femme ne peut puiser évidemment dans sa qualité d'administrateur légal que le droit d'administration; mais comment lui accorder sur les biens communs et *a fortiori* sur les propres de son mari, plus de droits qu'elle n'en a sur ses biens personnels, dont elle ne peut disposer, nous le savons, sans autorisation? De plus la femme prend l'administration au même titre que les envoyés, c'est-à-dire comme

(1) Traité de la puissance du mari, part. I, sect. II, § 5. De la femme dont on ignore ce qu'est devenu le mari, n° 27.

mandataire du mari (1) ; or, les envoyés en possession ne peuvent aliéner ni hypothéquer les biens de l'absent (art. 128) ; la femme ne saurait donc avoir une plus grande capacité. Et qu'on ne tire pas un argument de ces mots de l'art. 128 : *biens de l'absent*, pour dire : La femme, administrateur légal, ne pourra aliéner les propres de son mari, c'est évident ; mais les biens communs ne sont pas biens d'absent ; la femme a sur eux un droit actuel. Nous répondrons par l'art. 1421 : Tant que la communauté dure ou est réputée durer, comme dans l'espèce, le mari en est regardé comme le maître unique ; donc, si le mari est absent, les biens de la communauté continuée devront être regardés comme biens du mari, et par conséquent, comme biens d'absent.

En second lieu, la femme administrateur légal ne pourra, sans autorisation, vendre le mobilier, bien qu'en général l'aliénation des meubles soit regardée comme un acte d'administration (art. 1428, 1449, 1536 et 1538). Mais l'art. 126 veut que les meubles ne soient pas vendus, tant que le tribunal ne l'ordonnera pas, nonobstant la volonté de l'administrateur.

(1) L'opinion adverse invoque en sa faveur un argument qui ne manque pas de gravité, mais qui ne nous semble pas suffisant pour voir dans l'article 124, une exception aux principes du droit. On dit : Quand la femme opte pour la continuation de la communauté elle prend l'administration que son mari a abandonnée, elle est son mandataire, elle peut faire ce qu'il aurait pu faire lui-même. Et il est de principe qu'on peut faire pour autrui, quand on est mandataire, ce qu'on ne pourrait faire en son propre nom (art. 1990). L'article 935 nous offre une application de l'article 1990. La femme qui ne peut sans autorisation accepter une donation à elle offerte, peut néanmoins accepter seule, comme mandataire de son enfant mineur, la libéralité offerte à ce dernier.

Enfin, quant à ses propres, la femme ne pourra les aliéner ou hypothéquer que pour la nue-propriété, car la jouissance appartient au mari, et encore aurait-elle besoin de l'autorisation de justice.

Examinons maintenant la situation du mari présent. Il conserve l'administration de la communauté; rien n'est changé à ses pouvoirs, car s'ils étaient modifiés, il ne serait pas vrai de dire que la communauté est continuée à son égard. Il peut donc aliéner à titre onéreux et hypothéquer les biens communs, disposer des meubles à titre gratuit et particulier, pourvu qu'il ne s'en réserve pas l'usufruit (art. 1421 et 1422).

Quant aux propres de sa femme, il ne peut les aliéner. L'art. 1428 s'y oppose en ce qui concerne les immeubles, et, pour les meubles, l'art. 126 limite le pouvoir d'aliénation qu'il tient du droit commun : 1° en imposant à l'époux qui opte pour la continuation de la communauté, sans distinguer entre le mari et la femme, l'obligation de faire inventaire du mobilier appartenant à l'absent; 2° en donnant au tribunal seul le pouvoir de décider souverainement s'il faut conserver ou vendre les meubles.

Cette solution n'est exacte, bien entendu, que si la communauté existait encore tandis que le mari l'administrait; que si, au contraire, il est démontré par la nouvelle reçue de la mort de la femme, qu'elle était dissoute antérieurement au jour où le mari a pris l'administration légale, le mari n'aura été qu'un administrateur ordinaire; son mandat est révoqué *in præteritum*, et les héritiers de la femme pourront critiquer les actes de disposition qu'il aura faits de sa propre autorité. Quant aux tiers qui, en traitant avec le mari, auraient acquis des droits sur les biens communs, ces droits devront être respectés par les héritiers de la femme ; car il est de principe que les actes faits par un mandataire dont les pouvoirs ont cessé, sont valables à l'égard des tiers qui ont pu ignorer la révocation du mandat (article 2009).

§ III. — *Attribution des fruits à l'époux administrateur légal.*

L'art. 127, que nous avons expliqué ci-dessus, en ce qui concerne les envoyés provisoires, embrasse aussi dans ses dispositions l'époux administrateur légal. Cela résulte incontestablement et du texte de l'article et de sa discussion (1).

L'application de cette règle à l'époux administrateur légal peut être critiquée; elle est d'abord difficile à concilier, d'une part, avec ce principe, que le mari, comme chef de la communauté, peut dissiper, non-seulement les revenus des biens communs, mais ceux des propres de sa femme (art. 1421); d'autre part, avec cette règle, que les fruits échus et perçus pendant le mariage tombent dans l'actif de la communauté (art. 1401-2°). Si donc c'est le mari présent qui a perçu les fruits, il n'a rien à restituer, donc, pas de retenue à exercer; et si c'est la femme, elle n'a gagné les fruits que pour la communauté, elle doit compte de la totalité.

(1) Observations du tribunat sur les art. 127 et 129. (Procès-verbaux du Conseil d'État, t. 1, p. 336 à 337.

En second lieu, cette assimilation de l'époux administrateur aux envoyés en possession n'est pas logique. Que la portion de fruits attribuée à l'envoyé augmente à mesure que l'absence se prolonge, cela se conçoit, car l'envoyé croit de plus en plus que les biens lui appartiennent définitivement. Au contraire, l'époux présent, qui a pu dans les premiers jours de son administration ne pas ménager les fruits, parce qu'il comptait sur le retour prochain de son conjoint, voit diminuer ses espérances à mesure que l'absence se prolonge, et par conséquent doit épargner de plus en plus des revenus dont on pourra lui demander compte et dont la restitution devient de jour en jour plus probable.

Enfin, l'envoyé en possession est toujours certain de garder les fruits, soit en totalité, si l'envoi finit par la preuve du décès, ou bien si trente ans sont écoulés depuis la disparition, ou cent ans depuis la naissance de l'absent; soit en partie, si l'envoi finit par la preuve de l'existence de l'absent, ou de son décès arrivé à une époque où l'envoyé en possession n'était plus son plus proche héritier. Le conjoint, administrateur légal, au contraire, n'est pas assuré de garder les fruits dans toutes les hypothèses; cela dépendra des circonstances qui mettront fin à la communauté continuée. Parcourons-les successivement.

L'administration légale peut finir :

1° Par la preuve acquise de l'existence de l'absent. En fait, la communauté a toujours existé; elle existe encore. L'administration légale fait place à l'administration ordinaire. Les fruits perçus par l'époux présent, même sur les propres de l'absent, sont acquis à la communauté (art. 1401-2°). D'ailleurs à quoi bon enlever les fruits ainsi acquis à la communauté et les attribuer à l'époux présent, comme salaire de son administration? ils y retomberaient forcément en vertu du principe que tout ce qui obvient à chaque époux par suite de son travail ou de son industrie, est gagné par la communauté.

2° Par la preuve acquise du décès de l'absent. Il faudra rechercher avec soin à quelle époque il est arrivé, et quand on connaîtra cette date, c'est à elle seule qu'il faudra avoir égard malgré la continuation apparente de communauté, pour fixer les droits respectifs de l'époux présent, et des héritiers de l'époux décédé en état d'absence; les fruits produits avant le décès seront réunis à la masse commune; quant aux fruits produits et recueillis depuis le décès jusqu'au moment où on en acquiert la certitude, ils appartiendront au conjoint présent dans les proportions fixées par l'art. 127. C'étaient en effet réellement des *revenus de l'absent.*

3° Par le laps de trente ans écoulé depuis la déclaration d'absence, ou de cent ans depuis la naissance de l'absent. L'envoi définitif est prononcé, et malgré l'option faite par l'époux présent pour la continuation provisoire de la communauté, l'absent sera réputé mort du jour de sa disparition ou de ses dernières nouvelles, et la communauté sera réputée avoir été dissoute à cette époque; par conséquent, les revenus perçus depuis lors ne peuvent être attribués à la communauté, qui sera partagée suivant l'état où elle se trouvait alors;

ici encore l'époux qui les a recueillis les gardera en vertu de notre article, mais à titre provisoire, car s'il était prouvé plus tard que l'époux absent vivait encore, en fait, la communauté aura toujours duré et aura gagné tous ces revenus. De même s'il est prouvé que l'absent est mort à une époque postérieure à celle de la disparition, la communauté n'aura été dissoute qu'à ce moment, et le conjoint présent devra restituer les fruits perçus entre la disparition et la dissolution réelle de la communauté. Quant aux fruits perçus depuis, il les gardera en totalité, aux termes de l'art. 127.

4° Par la mort de l'époux présent. Dans ce cas la communauté est réellement dissoute, et sa dissolution comptera à partir de la disparition de l'époux absent. C'est d'après son état à cette époque qu'elle sera liquidée. Les héritiers de l'époux présent pourront donc invoquer notre article. Mais ils ne prendront les fruits que provisoirement. Car s'il était prouvé que l'absent est mort à telle époque de l'administration légale, ou même vit encore, lors du décès du conjoint présent, il y aurait lieu à une liquidation nouvelle de la communauté, qui réclamerait avec raison les fruits perçus jusqu'à sa dissolution réelle désormais connue.

5° Par la renonciation de l'époux présent. Le droit accordé à l'époux présent de faire durer la communauté jusqu'à l'envoi définitif, est une faveur à laquelle il est toujours libre de renoncer, en demandant la dissolution provisoire de la communauté. On rentre alors dans le droit commun : l'envoi en possession provisoire. Si donc cette renonciation a été faite, la communauté sera réputée dissoute du jour de la disparition, et le partage en sera fait d'après l'état où elle était alors, sauf à refaire un nouveau partage, s'il est établi qu'elle n'a été dissoute que postérieurement, et sauf au contraire à continuer la communauté, à demander restitution aux héritiers présomptifs, s'il apparaît que la communauté a toujours duré.

6° Par la déclaration d'absence du conjoint présent (1). Il est par là même réputé mort, et la présomption de mort qui pesait sur son conjoint reprend elle-même toute sa force; la communauté va se trouver provisoirement dissoute, et l'on se reportera pour la partager à l'époque de la disparition du premier absent. Que si maintenant on venait à apprendre, ou que les deux absents existent ou qu'ils sont morts, ou qu'un seul existe, tandis que l'autre est mort, la communauté serait définitivement continuée ou dissoute à partir de ces différentes époques. Si au contraire, l'un des conjoints restant absent, on connaissait seulement l'existence ou la mort de l'autre, il y aura bien lieu à une nouvelle liquidation de la communauté, mais qui ne sera que provisoire.

L'art. 1441 met la séparation de biens au nombre des causes de dissolution de la communauté ordinaire : dirons-nous aussi que si l'époux présent tombe en faillite ou en déconfiture, la séparation de biens pourra être demandée au nom de l'absent? Il est évident qu'il

(1) Tant que le conjoint présent n'est qu'en état de présomption d'absence, rien n'est changé; seulement, s'il n'a pas laissé de mandataire, le tribunal pourvoira provisoirement à l'administration des biens abandonnés. (Art. 112.)

faut un remède, mais nous n'oserions pas reconnaître la légitimité de celui-ci, par les deux raisons suivantes : 1° la séparation de biens ne peut être demandée que par la femme seule (art. 1446) ; 2° il n'y a pas ici de raison pour protéger plutôt l'un des époux que l'autre. Si donc, le mari absent, la femme présente dilapide sa fortune, que l'on prenne des mesures conservatoires ; rien de mieux ; que l'on exige, par exemple, une caution de l'époux qui administre mal, s'il n'en a pas donné une en se chargeant de l'administration ; mais qu'on ne vienne pas forcer les principes du droit pour accorder à des intérêts respectables sans doute, une protection que le texte et l'esprit de la loi semblent refuser énergiquement.

En résumé, s'il est établi que la communauté existait à l'époque de la perception des fruits, l'art. 127 est sans application, quant aux fruits provenant des biens dont la propriété ou simplement la jouissance appartient à la communauté. Il ne régit que ceux qui ont été perçus sur des biens dont la communauté ne jouissait pas : ainsi des paraphernaux, dans le cas, par exemple, où les époux étaient mariés sous le régime dotal avec communauté d'acquêts. La communauté jouissait des biens communs et dotaux administrés par le mari ; la femme, au contraire, avait la jouissance et l'administration de ses paraphernaux. Si au contraire la communauté n'existait plus lors de la perception des fruits, l'application de l'art. 127, sans s'expliquer logiquement, peut-être est facile à faire.

Terminons par une remarque importante. Dans tous

les cas où l'époux présent et ses héritiers auront droit à une portion de fruits, ils exerceront cette retenue, non sur tous les biens de la communauté, mais sur la part qu'ils restitueront lors du partage aux héritiers présomptifs de l'époux absent. Quant à la moitié qu'ils gardent, il va de soi qu'ils en conservent les fruits, non plus en qualité d'administrateurs légaux, mais à titre de propriétaires soit réels soit présumés.

Enfin rappelons que la femme, alors même qu'elle aurait opté pour la continuation provisoire de la communauté, conserve le droit d'y renoncer ensuite, lorsqu'elle est réellement dissoute (art. 124-2°). La loi a voulu prévenir un doute : Si, d'après le droit commun, la femme seule peut renoncer à la communauté, c'est qu'elle n'en a pas l'administration, et qu'elle ne doit pas souffrir de la mauvaise gestion de son mari ; lors, au contraire, que par son option elle a pris en mains l'administration des biens communs, on aurait pu logiquement lui refuser le bénéfice de l'art. 1453. C'est cette conclusion que le Code a prévue et rejetée.

SECTION II. — L'ÉPOUX PRÉSENT COMMUN EN BIENS OPTE POUR LA DISSOLUTION DE LA COMMUNAUTÉ.

Si l'époux demande la dissolution provisoire de la communauté, dit l'art. 124-1° (*in fine*), *il exercera ses reprises et tous ses droits légaux et conventionnels, à la charge de donner caution pour les choses susceptibles de restitution.*

Dans ce cas, les art. 120 et 123 reçoivent leur application ordinaire. La communauté est provisoirement dissoute, comme la succession de l'absent est provisoirement ouverte du jour de sa disparition ou de ses dernières nouvelles.

En conséquence, tous ceux qui ont des droits subordonnés à la condition du décès de l'absent, l'époux présent lui-même, sont admis à les exercer provisoirement.

Cette dissolution de la communauté peut devenir définitive, dans le cas seulement où le décès de l'absent reste perpétuellement ignoré ; que si, au contraire, on vient à en découvrir la date, la communauté aura duré jusqu'au jour du décès, et c'est à cette époque que nous devrons nous placer pour la liquider.

L'époux qui demande la dissolution de la communauté n'est donc qu'un envoyé provisoire, soumis aux mêmes obligations, investi des mêmes pouvoirs, sauf quelques différences que nous allons signaler.

§ Ier. — *Garanties de restitution.*

L'époux présent qui a demandé la dissolution de la communauté, ne peut exercer ses droits légaux ou conventionnels (1) qu'à la charge de donner caution pour les choses susceptibles de restitution. L'envoyé provisoire, au contraire, donne caution pour tous les biens qui lui sont confiés, car l'obligation de restitution les embrasse tous (art. 120).

(1) Légaux s'il n'y a pas de contrat de mariage, conventionnels dans le cas contraire.

Il importe donc de déterminer quels biens l'époux pourra avoir à restituer, et quels biens il conserve à tout événement. M. Demolombe (1) indique parfaitement la base de la distinction : « *La loi*, dit-il, *ne veut « pas compromettre par le règlement provisoire auquel « donne lieu la déclaration d'absence, les droits qui plus « tard pourraient résulter d'un règlement définitif au- « quel donnerait lieu la preuve de l'existence de l'ab- « sent, ou de son décès à une autre époque que celle des « dernières nouvelles...; donc, lorsqu'un droit éventuel « quelconque pourrait être compromis par ce règlement « provisoire, il doit être garanti par la caution.* »

Appliquons ce principe successivement au mari et à la femme.

I. *Le mari est absent*. — L'obligation éventuelle de restitution comprend, en ce qui concerne la femme : 1° son préciput et ses autres gains de survie (art. 1515 à 1525); elle doit donner caution, car ces avantages devront être restitués non par elle, mais par ses héritiers, s'il est prouvé que son mari vivait encore quand elle est décédée.

2° Sa part dans la communauté, et ses biens personnels dont la communauté avait la jouissance ; car si le mari revenait, elle devrait les lui restituer, puisqu'il avait le droit de les administrer et de gagner les fruits pour le compte de la communauté.

Mais la femme a droit de conserver à tout événement les biens dont elle se serait réservé personnelle-

(1) T. 1, n° 298.

ment l'administration et la jouissance, et, quant à ces biens, elle n'est pas soumise à la caution.

Enfin, la femme qui opte pour la dissolution provisoire de la communauté, peut l'accepter ou y renoncer. Dans ce dernier cas elle ne donnerait caution, ni pour sa part de communauté, ni pour le préciput, à moins qu'il n'ait été stipulé, même en cas de renonciation (art. 1515-1°), mais seulement pour ses biens personnels et pour ses apports, dont elle avait stipulé la reprise.

II. *La femme est absente.* — L'obligation éventuelle de restitution comprend aussi, pour le mari, les gains de survie; comme la femme, il peut conserver sans donner caution ceux de ses biens personnels dont il s'est réservé la jouissance. Mais doit-il caution pour ses biens personnels dont jouissait la communauté, et pour sa part dans cette communauté?

1° Pour ses biens personnels dont jouissait la communauté, il est évident qu'il ne doit pas caution, et pour disposer de la pleine propriété, *à fortiori*, des revenus, et cela, que la communauté existât réellement ou non lors de la perception.

2° Pour sa part de communauté. La question est délicate. Il est, en effet, difficile de concevoir qu'il s'oblige sous caution à restituer à la femme des biens dont il a la libre disposition, comme chef de la communauté. Or, la communauté a duré jusqu'au décès de la femme, et jusque-là le mari a pu valablement aliéner et dissiper, sans être tenu de rendre compte. Il faut, pour trouver l'utilité de la caution, se placer dans l'hypothèse suivante. La femme est déclarée absente en 1850. La communauté se compose de 50 : 25 sont attribués au mari présent, 25 aux héritiers de la femme. On apprend plus tard que la femme est morte en 1855. La communauté a duré cinq ans, depuis sa dissolution provisoire. Un nouveau partage a lieu; tout est remis en commun. Mais les 25 attribués aux héritiers présomptifs de la femme ont péri par cas fortuit. La masse ne comprend plus que les 25 conservés par le mari et dont il doit restituer la moitié à ses copartageants.

Enfin, exigerons-nous de l'époux qui demande la dissolution provisoire de la communauté, l'inventaire, la vente du mobilier, l'emploi des capitaux? En bonne logique, nous répondrions oui; pour savoir ce que l'époux présent doit restituer, il faut savoir ce qu'il a reçu. D'ailleurs, il y aurait une trop grande disparité entre la situation de l'époux présent et celle des héritiers de l'absent; ces derniers prenant la part de communauté du conjoint qu'ils représentent seraient seuls soumis aux garanties de l'art. 126. Enfin, si la caution est exigée de l'époux présent, pourquoi l'inventaire ne le serait-il pas aussi? Toutefois, il faut convenir que le texte de l'art. 126 résiste à cette solution. *Ceux qui auront obtenu l'envoi en possession provisoire, ou l'époux qui aura opté pour la continuation de la communauté, devront.....* Donc, *à contrario*, l'époux qui a demandé la dissolution est affranchi de toutes les garanties autres que la caution à laquelle l'article 124 prend soin de le soumettre expressément.

§ II. — *Pouvoirs de l'époux présent.*

Si c'est le mari, il aura sur ses biens personnels et sur la part de communauté qui lui revient les mêmes droits qu'il aurait eus sur la communauté tout entière, s'il en avait demandé la continuation. Il peut les aliéner valablement. Si la femme est présente, elle n'a d'autres pouvoirs que ceux accordés aux envoyés provisoires.

§ III. — *Attribution des fruits.*

Quant à l'application de l'article 127, nous n'avons qu'à rappeler purement et simplement la distinction que nous avons développée plus haut. Si la dissolution réelle est postérieure à la dissolution provisoire, nous appliquerons l'article 1401. Si, au contraire, la communauté n'existait plus en réalité lors de la perception des fruits, nous devrons recourir à l'article 127.

SECTION III. — INFLUENCE DE L'ENVOI EN POSSESSION DÉFINITIF SUR LES CONVENTIONS MATRIMONIALES.

Pour compléter cette matière, nous croyons devoir dire ici quelques mots de l'effet de l'envoi définitif en ce qui touche la communauté (1). *La communauté est définitivement dissoute; les cautions sont déchargées* (art. 126). L'époux présent, comme les héritiers

(1) Quant aux autres régimes nous avons vu qu'ils étaient dissous par la déclaration d'absence.

de l'absent, peuvent disposer sans restriction de la part de biens qui leur est échue dans le partage de la communauté (art. 132).

Mais qu'arriverait-il si l'absent revenait, ou s'il était prouvé qu'il existait encore après l'envoi définitif; la communauté sera-t-elle réputée n'avoir pas été dissoute? On a soutenu la négative, à tort, selon nous, car, enfin, d'une part, les conventions matrimoniales sont immuables pendant le mariage (art. 1395), et la loi détermine elle même les causes de dissolution de la communauté (art. 1441); d'autre part, nous verrons que les effets de l'envoi définitif ne sont pas définitifs contre l'absent lui-même (art. 132). Donc, nous dirons avec Pothier que : « *si l'absent reparaît, quelque partage « qu'on ait fait des biens de la communauté, elle est « censée n'avoir jamais été dissoute* (1) », et qu'en cas de décès survenu postérieurement à l'envoi définitif, elle aura duré effectivement jusqu'au décès.

(1) Communauté, part. III, ch. I, nº 505.

CHAPITRE III

DE L'ENVOI EN POSSESSION DÉFINITIF.

Trente ans se sont écoulés depuis l'envoi en possession provisoire, ou bien un siècle est révolu depuis la naissance de l'absent. La présomption de mort devient presque une certitude morale; la loi, si attentive jusque-là à veiller à la conservation des biens de l'absent, les rend au commerce et cesse de protéger les droits de celui qui a disparu, tout en lui permettant de les exercer encore, s'il revient contre toute attente. Nous nous demanderons à quelle époque l'envoi définitif doit être demandé, dans quelles formes et par qui il peut l'être; nous examinerons ensuite quels sont ses effets, et comment il peut cesser.

SECTION Ire. — A QUELLE ÉPOQUE PEUT ÊTRE DEMANDÉ L'ENVOI EN POSSESSION DÉFINITIF.

Si l'absence, dit l'article 129, *a continué trente ans depuis l'envoi provisoire, ou depuis l'époque à laquelle l'époux commun aura pris l'administration des biens de l'absent, ou bien s'il s'est écoulé cent ans depuis la naissance de l'absent....., tous les ayant-droit pourront faire prononcer l'envoi en possession définitif par le tribunal de première instance.*

Nous pensons qu'il y a dans l'article 129 une inexactitude de rédaction. Les trente ans courent non de l'envoi en possession provisoire, mais du jour où il a pu être demandé, et où il est ordinairement prononcé la déclaration d'absence. Si la loi a désigné comme point de départ des trente ans l'envoi en possession provisoire, c'est qu'il a lieu le plus souvent en même temps que la déclaration de l'absence. La loi veut que l'envoi définitif puisse être demandé dès que la présomption de décès (1) est presque devenue une certitude. Il y a plus : l'envoi définitif peut être prononcé *de plano*, quand même il n'y aurait pas eu d'envoi provisoire, s'il s'est écoulé cent ans depuis la naissance de l'absent, pourvu qu'il y ait déclaration d'absence.

En résumé, l'absence ne peut être déclarée qu'après cinq ou onze ans, date de la disparition ou des dernières nouvelles, suivant que l'absent aura ou non laissé une procuration (art. 121, 115 et 119); l'envoi en possession définitif peut être demandé trente ans après l'absence déclarée, c'est-à-dire trente-cinq ou quarante et un ans depuis le jour où l'absent a pour la dernière fois donné signe de vie.

SECTION II. — COMMENT S'OBTIENT L'ENVOI EN POSSESSION DÉFINITIF ET QUELLES PERSONNES PEUVENT LE DEMANDER.

La loi ne détermine aucune forme à suivre. L'article

(1) Or, la présomption de décès est fondée non sur l'obtention de l'envoi provisoire, mais sur le laps de temps plus ou moins long écoulé depuis la disparition de l'absent.

129 décide seulement qu'il faut un second jugement. Ce jugement doit-il être précédé d'une enquête? La loi ne l'exige pas. — Concluons-en que cette enquête qui peut être fort utile est facultative.

L'envoi en possession définitif est ouvert à tous ceux qui ont obtenu ou qui auraient pu, s'ils l'avaient demandé, obtenir l'envoi provisoire, pourvu que leur droit ne soit pas prescrit.

SECTION III. — EFFETS DE L'ENVOI EN POSSESSION DÉFINITIF.

Le projet de code déclarait les envoyés définitifs propriétaires incommutables des biens de l'absent, et les obligeait à restituer non pas à l'absent lui-même, mais à ses enfants, dans le cas seulement où ils étaient mineurs lors du décès prouvé (1). Le mot *définitif*, qui a passé dans l'article 129, est probablement un vestige de cette disposition. Du reste, la situation des envoyés est irrévocablement fixée si l'absent ne revient pas, et les droits qu'ils confèrent aux tiers sont incommutables.

L'envoi définitif fait cesser l'envoi provisoire, et l'administration légale et le partage des biens de l'absent, s'il n'a pas eu lieu, peuvent être demandés par les ayant-droit (2). De même nous déciderons, à la différence des

(1) Art. 12 et 10 du projet.

(2) Il arrivera rarement que l'envoi provisoire n'ait pas été suivi d'un partage; cependant un partage peut être nécessaire lors de l'envoi définitif, s'il est prononcé *de plano*, parce qu'il s'est écoulé cent ans depuis la naissance de l'absent, si le conjoint présent a opté pour la continuation de la communauté, si l'envoi provisoire n'a été obtenu que par quelques-uns des ayant-droits; enfin si l'envoi définitif est prononcé au profit d'autres que les envoyés provisoires, enfin si les envoyés provisoires n'avaient fait qu'un partage provisionnel, ils pourraient en demander un définitif.

envoyés provisoires, qu'ils peuvent réciproquement se contraindre au rapport.

Enfin, la loi n'exige plus, dans l'intérêt de l'absent, aucune garantie de restitution ; elle ne réserve à son profit aucune part de fruits; elle n'apporte aucune limite aux pouvoirs des envoyés. Reprenons chacun de ces points.

I. *Plus de garanties de restitution.* — La loi n'exige plus ni caution, ni inventaire, ni vente du mobilier. Il y a plus : les cautions données par les envoyés provisoires sont déchargées de plein droit (art. 129), indépendamment de l'envoi définitif et avant qu'il soit demandé. L'art. 129 présente la décharge des cautions comme une conséquence non de l'envoi définitif, mais de l'arrivée du terme après lequel il peut être demandé. Elles sont déchargées non-seulement pour l'avenir, mais pour le passé. Leur obligation est prescrite par les trente ans écoulés. L'absent même ne serait pas admis à prétendre que pour tel fait d'administration remontant à moins de trente ans, l'envoyé est responsable, et, par suite, la caution; celle-ci répondrait : J'ai cautionné non pas tel acte de gestion, mais la gestion dans son ensemble; mon obligation a commencé avec l'envoi provisoire, elle est prescrite. Nous pensons même que dans le cas où il se serait écoulé moins de trente ans entre l'envoi provisoire et l'envoi définitif, si l'absent revient avant trente ans écoulés depuis l'envoi provisoire, les cautions seraient déchargées. On ne peut pas dire, il est vrai, que leur obligation est éteinte par prescription; mais ne serait-il pas bizarre qu'elles demeurassent obligées pour le passé, tandis que les envoyés provisoires sont absolument maîtres du patrimoine de l'absent?

Plus de réserve d'une portion des fruits au profit de l'absent. — Les envoyés définitifs gagnent tous les fruits, puisqu'ils peuvent aliéner le fonds qui les produit, et cela alors même que l'envoi définitif serait prononcé avant trente ans, date de la disparition de l'absent (art. 127).

III. *Plus de restriction dans les pouvoirs des envoyés.* — En théorie, les envoyés définitifs ne sont pas, sans doute, comme on l'a dit, des héritiers ni des propriétaires, car l'absence n'ouvre pas la succession (art. 718), et l'envoi définitif n'est pas rangé parmi les modes d'acquérir; mais ce sont des mandataires avec des pouvoirs illimités qu'ils tiennent de la loi; ils peuvent vendre, hypothéquer, aliéner même à titre gratuit, sans formalités aucunes. Que dit l'art. 132? *L'absent recouvrera ses biens dans l'état où ils se trouveront.* — L'envoyé définitif le représente à l'égard des tiers d'une manière absolue. Et qu'on n'invoque pas l'esprit de la loi; qu'on ne dise pas : la loi veut que les biens de l'absent lui soient rendus toutes les fois que la restitution ne préjudiciera à personne. Donc, si l'envoyé définitif a fait une donation, l'absent peut revendiquer; car le donataire n'a pas droit de se plaindre : *certat de lucro captando;* l'envoyé non plus, il ne doit pas garantie (1). — Nous rappellerions la disposition primitive de l'arti-

(1) A moins que la donation ne fût *dolis causâ*. (Art. 1440.)

cle 132, qui rendait l'envoyé définitif propriétaire au regard de l'absent lui-même, et qui dénote assez la pensée du législateur.

Que si l'envoyé définif avait disposé des biens de l'absent pour doter ses propres enfants, comme il a, par là même, gagné la portion de ses biens personnels qu'il aurait affectée à cet établissement, ne pourrait-on pas dire qu'il doit une indemnité à l'absent, *quatenùs propriæ pecuniæ pepercit?* Sans doute, cela serait équitable et empêcherait les envoyés de consacrer les biens de l'absent à leurs dépenses personnelles; mais l'art. 132 est trop absolu pour nous permettre ce tempérament. L'absent reprend ses biens dans l'état où ils se trouvent. Pas de distinction.

Que si, à l'inverse, l'envoyé, sans toucher aux biens de l'absent, avait cependant augmenté ses dépenses personnelles *lautius vivendo*; s'il avait sur ses propres biens plus doté richement sa fille qu'il ne l'eût fait sans l'envoi définitif, nous ne lui permettrons pas non plus de demander une indemnité à l'absent; il a été imprévoyant, tant pis pour lui. Le droit romain décidait ainsi à l'égard du possesseur de bonne foi d'une hérédité : *Si quis re suâ lautius usus sit, contemplatione delatæ sibi hereditatis, nihil eum ex hereditate deducturum, si eam non attingit* (1). »

Nous avons refusé plus haut aux envoyés provisoires le droit d'intenter l'action en réduction contre les tiers donataires, et plus généralement les actions auxquelles

(1) Loi 25, p. 12, de hered. petit., v, III, D.

le décès prouvé de l'absent donnerait ouverture (1) : dirons-nous que ces actions ne sont pas ouvertes par l'envoi définitif? En bonne logique, il faudrait répondre négativement ; car ces actions ne s'ouvrent qu'avec la succession, et à aucune époque la succession n'est ouverte par l'absence ; enfin, l'art. 129 ne comprend dans l'envoi définitif que les biens de l'absent : il n'a donc pas trait à ceux qui ont été aliénés. — Cependant, il faut bien dire que ces actions sont ouvertes par l'envoi définitif ; et, en effet, si jamais on ne recevait de nouvelles de l'absent, à quelle époque leur donnerait-on ouverture? L'ancien droit, en général, présumait l'absent mort quand il s'était écoulé cent ans depuis sa naissance, et admettait alors l'action en réduction contre les tiers donataires (2). Or, d'une part, le Code a augmenté incontestablement les droits des successeurs de l'absent ; donc nous pouvons leur refuser un droit que les anciens jurisconsultes leur accordaient, et, d'autre part, les cent ans écoulés depuis la naissance de l'absent, ou les trente années après lesquelles peut être demandé l'envoi définitif sont mis par l'art. 129 sur la même ligne et doivent produire les mêmes effets. Enfin, la communauté n'est-elle pas dissoute par l'envoi définitif, et cette dissolution ne donne-t-elle pas ouverture au profit des héritiers de l'absent contre un tiers, l'époux présent

(1) Si par exemple l'absent donataire avec droit de retour avait aliéné le bien donné, nous ne permettrions pas au donateur d'exercer le droit de retour à l'encontre des tiers acquéreurs, pendant l'envoi en possession provisoire.

(2) Arrêt du parlement de Paris, 13 juillet 1654. — Lebrun, successions, L. I, ch. 1, sect. 1.

à une action qui pourtant, aux termes de la loi, ne peut s'exercer que par le décès prouvé de l'un des conjoints?

SECTION IV. — COMMENT CESSE L'ENVOI EN POSSESSION DÉFINITIF.

L'envoi définitif prend fin de deux manières :

1° Par la preuve de l'existence de l'absent, ou par son retour, et alors ses biens lui sont restitués.

2° Par la preuve de son décès ; et, dans ce cas, les biens restent aux envoyés en possession qui les ont désormais à titre de propriétaires incommutables, ou bien ils sont restitués par eux aux héritiers les plus proches de l'absent au jour de son décès (1).

§ Ier. — *L'absent reparaît ou son existence est prouvée.*

Si l'absent reparaît ou si son existence est prouvée, même après l'envoi définitif, dit l'art. 132, *il recouvrera ses biens dans l'état où ils se trouveront, le prix de ceux qui auront été aliénés, et les biens provenant de l'emploi qui aura été fait du prix de ses biens vendus* (2).

(1) On a vu dans l'article 133 un troisième cas de cessation de l'envoi définitif, l'apparition des descendants de l'absent venant demander la restitution de ses biens. Cette assertion nous semble inexacte, car ou ils invoquent l'article 130 et revendiquent l'hérédité en prouvant le décès de leur ascendant, ou bien ils s'appuient sur l'article 133, et alors l'envoi définitif dure toujours; il ne fait que changer de mains.

(2) L'article 132 s'applique toutes les fois qu'il y a lieu à la restitution des biens pendant l'envoi définitif, soit aux descendants directs de l'absent pourvu qu'ils agissent dans les trente ans, date de l'envoi définitif (art. 133 soit à ceux qui prouveraient l'époque du décès, en prouvant qu'à cett époque ils étaient les plus proches héritiers de l'absent, pourvu qu'ils agissent dans les trente ans de la mort, soit enfin à l'absent lui-même, à quelque époque qu'il revienne : contre lui pas de prescription.

Il y a donc deux hypothèses à examiner successivement.

L'absent reparaît. Le système de la loi est donc celui ci : il reprend sa fortune telle qu'elle est aux mains de l'envoyé, au moment de la restitution. Si les biens n'ont pas été aliénés, il les recouvre en nature, sans même que les envoyés soient responsables des dégradations et détériorations, *qui rem alienam quasi suam neglexit nulli querelæ subjectus est* (1).

Quant aux améliorations qu'auraient pu faire les envoyés définitifs, si ce sont des réparations locatives, il est évident qu'ils n'ont droit à aucune récompense, puisqu'ils ont gagné les fruits (2). S'ils ont fait des constructions nouvelles, on pourrait, en argumentant de ces mots de l'art. 132 : *l'absent recouvre ses biens dans l'état où ils se trouvent*, refuser aux envoyés toute indemnité; mais cette solution serait contraire au principe de l'art. 555. L'envoyé définitif, assurément, est un possesseur de bonne foi : donc il a droit, au choix de l'absent qui exige la restitution, soit à la plus-value, soit à la dépense (3).

Si les biens ont été aliénés, l'envoyé définitif doit

(1) Cette règle, tirée de la loi 31, § 3, *de hereditatis petit.* v. 3. D., est reproduite dans l'article 1631 de notre Code. L'acheteur évincé a néanmoins droit à la totalité du prix de vente encore que la chose ait été détériorée par sa négligence.

(2) Arrêt d'Angers, 26 avril 1819. — Cassation, 3 avril 1821.

(3) Si l'envoyé définitif a d'un côté détérioré et de l'autre amélioré les biens, indemnité lui est due même dans ce cas, et l'on ne saurait établir de compensation. La compensation suppose, en effet, deux dettes (art. 1289), et ici il n'en existe qu'une seule, celle de l'absent envers l'envoyé pour les améliorations qu'il a créées.

rendre, soit le prix, soit les biens provenant de l'emploi qui en a été fait.

L'envoyé doit rendre le prix de l'immeuble aliéné; s'il est encore dû, l'absent reprend la créance; s'il a été payé, la restitution a pour objet l'argent touché par l'envoyé, s'il est resté entre ses mains (1).

Que, s'il a fait emploi du prix, en est-il responsable? Distinguons.

1° L'emploi a été fait par lui en sa qualité d'envoyé; il a déclaré dans l'acte d'acquisition que l'argent qu'il paie provient de la vente de biens dont il était en possession par suite d'un envoi définitif : les chances bonnes ou mauvaises, dans ce cas, sont pour l'absent, c'est pour lui que les biens nouvellement acquis périssent ou s'améliorent.

2° L'emploi a été fait au nom de l'envoyé : dans ce cas, les biens acquis lui appartiennent, l'absent ne peut conclure qu'à la restitution du prix; l'envoyé a voulu acheter pour lui et rester débiteur du prix de vente envers l'absent. Ce prix, il le devrait encore, que l'immeuble acquis des deniers de l'absent eût diminué de valeur. *Ubi emolumentum, ibi onus* (2).

L'absent qui réclame à l'envoyé définitif le prix pro-

(1) L'ascendant donateur, au contraire, ne reprend que la créance et jamais le prix versé (art. 747). La loi a traité plus favorablement l'absent qui réclame ses propres biens que l'ascendant qui ne recouvre qu'exceptionnellement un bien dont il s'était volontairement dépouillé.

(2) Si, au lieu d'employer à l'achat d'un immeuble le capital provenant de la vente d'un bien de l'absent ou remboursé par un de ses débiteurs, l'envoyé définitif avait fait directement un échange, l'immeuble reçu en contre-échange pourrait être réclamé par l'absent de retour comme subrogé réellement à l'immeuble aliéné.

venant de la vente d'un de ses biens, n'est pas obligé de prouver que la somme même qu'il réclame est encore entre les mains de l'envoyé; seulement nous pensons que l'envoyé pourrait être admis à prouver que le prix n'est plus entre ses mains, qu'il l'a perdu en totalité ou en partie. Nous croyons même qu'il ne serait pas responsable de sa négligence. Sans doute il aurait pu prendre des précautions, placer la somme au nom de l'absent et par suite à ses risques; mais il était fondé à se croire propriétaire: s'il a perdu même par sa faute ce capital qu'il croyait sien, il serait injuste de l'en rendre responsable. Cette solution s'appuie d'ailleurs de l'opinion de Pothier, qui alloue au possesseur de bonne foi d'une hérédité (et l'article 132 traite l'envoyé définitif, quant à l'étendue de la restitution, comme la loi romaine traitait le possesseur de bonne foi d'une hérédité) *toutes les pertes qu'il justifiera avoir faites sur les biens qui lui sont provenus de la succession, sans examiner si c'est par son fait ou par sa faute qu'elles sont arrivées* (1).

Enfin il est évident que si l'envoyé en possession avait une action quelconque en reprise pour recouvrer le bien aliéné, cette action passerait à l'absent. *Qui habet actionem ad rem recuperandam rem ipsam habere videtur.*

A ce principe rigoureux que l'absent recouvre ses biens dans l'état où ils se trouvent, nous devons toutefois apporter un tempérament d'équité. L'absent de re-

(1) Traité de la propriété, n° 429.

tour a, pour réclamer la restitution de ses biens, une véritable action en revendication. Cette action est imprescriptible soit quant à l'absent, soit même, s'il meurt avant de l'avoir exercée, quant à ceux qui la trouvent dans sa succession. En effet, dans leurs rapports avec l'absent, les envoyés définitifs ne sont que des détenteurs précaires, ne pouvant prescrire par aucun laps de temps (art. 2236). Si l'absent de retour ne réclame pas, les envoyés pourraient-ils prendre les devants et le contraindre à reprendre ses biens dans l'état où ils se trouvent? Ils y auraient intérêt, si l'actif était inférieur au passif; mais cette prétention devrait être repoussée. L'art. 132 consacre un droit pour l'absent, mais ne lui impose pas une obligation; d'ailleurs, en demandant l'envoi définitif, l'envoyé a entendu s'assurer la propriété des biens de l'absent, sous la condition que celui-ci ne réclamerait pas. Point de réclamation. La condition s'accomplit, l'envoyé est propriétaire incommutable (1).

§ II. — *L'absent meurt et son décès est prouvé.*

L'absent est décédé à une époque postérieure à la déclaration d'absence. Les effets produits par l'absence cessent, et les biens passent, non plus à ceux qui étaient

(1) M. Demolombe déduit de cette solution une autre conséquence qui nous paraît également conforme aux principes. Il suppose que l'absent a acquis des biens dans le pays où il se trouvait; l'absent revient, mais ne demande pas la restitution de ses biens; ses créanciers, envers lesquels il est resté obligé s'il n'y a pas prescription, le poursuivent sur ses biens : il paie; il aura un recours contre les envoyés; cette conséquence n'est pas inique, elle laisse les choses dans l'état où elles seraient restées si l'absent n'avait pas reparu. (De l'absence, n° 177).

héritiers présomptifs, lors de la disparition et des dernières nouvelles, mais à ceux qui étaient héritiers réels au jour du décès, et à leurs représentants, s'ils sont morts lorsqu'on acquiert la preuve de ce décès.

Cette action donnée par l'art. 130 est une véritable pétition d'hérédité qui doit être intentée dans les trente ans du décès prouvé, sous peine de déchéance (article 2262); elle peut l'être non-seulement par les descendants de l'absent, mais par ses ascendants et ses collatéraux : la loi ne distingue pas. La succession de l'absent est déclarée ouverte au profit de ses héritiers les plus proches à cette époque.

Cette solution a néanmoins été contestée. L'art. 130, a-t-on dit, règle le cas où la restitution est demandée pendant l'envoi provisoire, puisqu'elle oblige à restituer les biens, plus une portion des fruits déterminée par l'art. 127. Les collatéraux de l'absent auraient donc plus de droits que ses enfants et que lui-même, puisque, pendant l'envoi définitif, l'absent et ses descendants ne peuvent reprendre les biens que dans l'état où ils se trouvent et sans aucune réserve de fruits. Dans ce système on entend ainsi la loi : art. 130, dispositions générales. Pendant l'envoi provisoire, le parent, quel qu'il soit, qui établit qu'il était à l'époque du décès de l'absent son parent le plus proche, a droit à la restitution des biens; art. 132 et 133, dispositions spéciales applicables après l'envoi définitif. Le droit à la restitution s'ouvre au profit de l'absent qui reparaît, ou de ses descendants. *Qui dicit de uno negat de altero;* donc les parents autres que les descendants de l'absent n'ont jamais droit, après l'envoi définitif, à la restitution des biens! L'argument paraît en forme, mais il est facile d'y répondre. La règle générale est qu'à la mort d'une personne sa succession est ouverte au profit de ses héritiers les plus proches, lesquels ont pendant trente ans la pétition d'hérédité (art. 137 et 2262). Pour déroger à cette règle, il faudrait un texte; ce texte a existé. L'art. 130, dans sa première rédaction, consacrait implicitement l'opinion que nous combattons : le décès de l'absent n'ouvrait sa succession au profit de ses parents les plus proches à cette époque, qu'autant que la preuve en était apportée *pendant l'envoi en possession provisoire.* Ces mots ont été retranchés, et par là même a été généralisée à tous les cas la règle qui, dans l'origine, ne s'appliquait qu'à l'envoi en possession provisoire.

Cette action ou pétition d'hérédité nous l'accorderons non-seulement aux héritiers *ab intestat*, mais aux légataires universels de l'absent. Si donc, en apprenant la mort de l'absent, on découvrait un testament qui appelât tels et tels à sa succession, ces légataires ou leurs représentants seraient admis à réclamer les biens, pourvu qu'il fût en outre prouvé que le légataire a survécu au testateur, sinon le legs serait nul (art. 1039). La pétition d'hérédité accordée aux héritiers les plus proches de l'absent est prescriptible par trente ans, selon le droit commun (art. 2262). Quel est le point de départ de ce délai de trente ans, et la nature de cette prescription? La prescription dont il s'agit est acquisitive et non libératoire de l'obligation de restituer; donc elle ne peut commencer qu'avec la possession des biens;

d'autre part la prescription ne court pas contre une action qui n'est pas ouverte; l'action en pétition d'hérédité ne s'ouvre que par le décès de l'absent, ce n'est qu'à partir de cette époque qu'elle est prescriptible.

Nous exigerons donc cette double condition : décès de l'absent et envoi en possesion de ses biens au profit d'un autre que le véritable ayant-droit (1). Les trente ans commenceront à partir du jour de l'envoi en possession, s'il est postérieur au décès; du jour du décès, si le décès est postérieur à l'envoi. Mais si le décès de l'absent avait lieu pendant l'envoi provisoire, ne pourrait-on pas dire que la prescription de l'action en pétition d'hérédité commencera à courir, non du jour du décès, mais du jour de l'envoi définitif seulement? L'envoyé provisoire n'est-il pas un dépositaire, un détenteur précaire incapable de prescrire contre le véritable propriétaire? Oui, répondrons-nous, vis-à-vis de l'absent, il est comptable et ne peut prescrire (art. 2229); mais les parents qui prouvent qu'à telle époque où est mort l'absent, ils étaient les plus proches, viennent de leur propre chef; relativement à eux l'envoyé possède *animo domini*, avec l'intention de s'approprier les biens qu'il détient. D'ailleurs, une fois ce décès prouvé, il n'y a plus d'absence, plus d'envoyés en possession provisoire; il y a seulement deux personnes : l'une qui s'est

(1) Aussi la prescription ne court pas pendant l'administration légale de l'époux présent, car alors personne ne s'attribue au préjudice du véritable ayant-droit le titre d'héritier. Il n'y a pas de possession qui puisse fonder une prescription.

emparée de l'hérédité et qui invoque la prescription de trente ans; l'autre qui prétend être héritier véritable et qui devra succomber, si les biens qu'il réclame sont acquis à son compétiteur par la prescription.

Avant de terminer sur ce point, demandons-nous ce que doivent restituer les envoyés qui sont évincés par les héritiers les plus proches au jour du décès prouvé. Deux cas sont à distinguer:

1° L'éviction a lieu pendant l'envoi en possession provisoire. S'ils ont connu le décès, et qu'ils se crussent les héritiers les plus proches, ils doivent être traités comme les possesseurs de bonne foi d'une hérédité; ils font les fruits leurs (art. 138). S'ils sont de mauvaise foi, ils restituent les fruits, et subissent toutes les conséquences de leur indue possession. Si, au contraire, les envoyés n'ont pas connu le décès, ils doivent rendre les biens, plus une portion des fruits, selon les règles tracées par l'art. 127. En effet, tant qu'ils ont ignoré le décès, leur devoir était d'en conserver une certaine partie; s'ils ne l'ont pas fait, ils sont en faute et partant responsables, bien qu'ils ne soient soumis qu'à une pétition d'hérédité ordinaire.

2° L'éviction a eu lieu pendant l'envoi définitif. Si les envoyés ne connaissaient ni le décès, ni la vocation des autres parents plus proches, s'ils sont de bonne foi, en un mot, ils restitueront les biens dans l'état où ils se trouvent (art. 132); dans le cas contraire, ils seront traités comme possesseurs de mauvaise foi.

Les mêmes principes s'appliquent non-seulement aux héritiers présomptifs, mais à tous ceux qui avaient des droits subordonnés à la condition de leur survie à l'absent. C'est un légataire particulier, un appelé, un donateur avec stipulation de droit de retour; à l'époque des dernières nouvelles ils existaient; ils ont été envoyés en possession, puis ils meurent, l'absent reparaît ensuite, ou son décès est prouvé, et l'on reconnaît alors que ces divers ayant-droits sont prédécédés à l'absent : leurs successeurs devront restituer les biens qu'ils détiennent en vertu de droits qui n'ont pas pu s'ouvrir, puisqu'en fait les divers titulaires de ces droits n'ont pas survécu à l'absent (1).

§ III. — *Disposition spéciale aux enfants et descendants directs de l'absent.*

Les enfants et descendants directs de l'absent pourront également, dans les trente ans à compter de l'envoi définitif, demander la restitution des biens, ainsi qu'il est dit en l'article précédent.

Cet article 133 suppose que l'on n'a pas de nouvelles de l'absent; donc son existence ou sa mort sont incertaines.

Deux actions sont accordées par la loi aux héritiers les plus proches de l'absent contre ceux plus éloignés qui détiennent les biens par suite de l'envoi en posses-

(1) Supposons l'absent usufruitier d'un bien; il disparaît; le nu-propriétaire s'est fait envoyer en possession; il est prouvé que le décès de l'absent est arrivé postérieurement à l'envoi, il est évident que le nu-propriétaire n'aura pas à restituer le fonds soumis à l'usufruit. Son droit est désormais consolidé, mais il pourra être tenu de restituer une partie des fruits qu'il a indûment perçus entre l'envoi en possession et le jour du décès prouvé, toujours d'après l'article 127.

sion. Il importe, pour l'intelligence de notre art. 133, de ne pas les confondre entre elles.

L'une est l'action en pétition d'hérédité, appartenant, en vertu de l'art. 130, aux héritiers réels, du jour du décès prouvé : elle se prescrit par trente ans à dater dudit décès; elle ne s'intente que l'absence terminée, puisqu'elle se fonde sur la mort certaine de l'absent.

L'autre est accordée à tous les parents qui établissent qu'au moment de la disparition ou des dernières nouvelles, ils étaient héritiers présomptifs de l'absent; ils demandent la possession des biens (art. 120) et leur action se prescrit par trente ans, à compter de l'envoi en possession provisoire. C'est l'action en pétition de la possession de l'hérédité; l'état d'absence subsiste toujours, il n'y a, comme on l'a dit, *qu'un changement d'héritier* (1). Or, c'est précisément à cette seconde action que se réfère l'art. 133. Tandis que les trente ans par lesquels se prescrit l'action en pétition de la possession courent du jour de l'envoi provisoire, quand elle appartient aux ascendants et aux collatéraux, par un privilége spécial, ils ne commencent à courir, quand elle appartient aux enfants et descendants directs de l'absent, naturels et légitimes, qu'à partir de l'envoi en possession définitif, ce qui peut porter à soixante-cinq et même à soixante et onze ans le délai pendant lequel leur action peut être utilement exercée.

Quant à la pétition d'hérédité, elle ne peut être exercée par les enfants comme par les autres que dans les

(1) Proudhon, t. I, p. 332.

trente années du décès prouvé; mais elle peut toujours l'être durant trente ans, même pendant l'envoi définitif, par tous ceux qui, apportant la preuve du décès de l'absent, prouvent qu'à cette époque eux ou leurs auteurs étaient les plus proches héritiers.

Il pourrait arriver que, même après trente ans depuis l'envoi définitif, les envoyés ne fussent pas à l'abri d'une action soit en restitution de la possession, soit en pétition de l'hérédité. Nous savons, en effet, que dès qu'on reçoit des nouvelles de l'absent, quand bien même elles remonteraient à une époque reculée, à quelque moment qu'on les reçoive, fût-ce pendant l'envoi définitif, l'absence cesse puisqu'on a des nouvelles; mais elle peut être déclarée derechef, si les nouvelles sont fort anciennes. Prenons un exemple.

Paul est disparu en 1805; son absence est déclarée en 1810, l'envoi définitif a lieu en 1840. Quarante ans plus tard, en 1880, Pierre, fils de l'absent, né pendant l'absence, revient en France. Depuis 25 ans, il ignore ce qu'est devenu son père, il l'a quitté en 1855; la déclaration d'absence de 1815 et toutes ses conséquences sont donc anéanties, puisqu'on sait que l'absent existait encore en 1855; mais une nouvelle déclaration d'absence aura lieu, et l'envoi en possession provisoire sera prononcé au profit de l'héritier le plus proche à l'époque des dernières nouvelles, c'est-à-dire de Pierre, auquel l'envoyé définitif en possession depuis quarante ans devra restituer les biens. De même, si Pierre prouvait que son père est mort en 1855, il pourrait exercer en 1880 l'action en pétition d'hérédité contre l'envoyé définitif, car il est encore dans les trente ans du décès.

On se demande, et c'est une question fort controversée, que de savoir si ce délai de trente ans pendant lequel peuvent agir les descendants de l'absent, même après l'envoi définitif, est un délai préfixe et invariable, ou bien une prescription ordinaire pouvant être suspendue par la minorité ou l'interdiction des héritiers de l'absent (1).

MM. Duranton, Delvincourt et Marcadé soutiennent que le législateur n'a établi qu'un simple délai : la loi ne dit pas que l'action des enfants sera prescrite par trente ans, mais qu'ils pourront réclamer les biens dans les trente ans, sans ajouter, comme elle le fait dans d'autres articles, notamment en matière de révocation de donation pour survenance d'enfant (2). D'ailleurs la disposition de l'art. 133 est exceptionnelle ; or, une exception ne peut jamais s'étendre au-delà de ses termes. Enfin, l'esprit du Code n'est pas de protéger indéfiniment l'incertitude de la propriété, conséquence infaillible de l'opinion adverse (3).

La solution contraire nous semble mieux fondée. Il

(1) Duranton, I, 513.—Delvincourt, I, p. 50, note 4.—Marcadé, sur l'article 133, n° 454.

(2) Art. 966. — « Le donataire..... ses héritiers..... ne pourront opposer la prescription pour faire valoir la donation révoquée par survenance d'enfant qu'après une possession de trente annés.... *sans préjudice des interruptions telles que de droit.* »

(3) On peut argumenter aussi par analogie de l'article 129. « *Si l'absence a continué pendant trente ans, les cautions sont déchargées* » ; c'est évidemment un délai préfixe et non une prescription ordinaire. Or, si la loi a établi pour la libération des cautions un délai préfixe, il est permis de croire, les mêmes motifs existants, qu'elle en a fixé un pour la libération des envoyés définitifs.

ne faut pas abuser, comme on le fait trop souvent, de l'art. 2264, d'après lequel *les règles de la prescription sur d'autres objets que ceux mentionnés dans le présent titre sont expliquées dans les titres qui leur sont propres*, et voir dans l'art. 133 une exception à l'art. 2252 qui suspend la prescription contre les mineurs et les interdits. Non, telle n'a pas été la pensée du législateur, et, comme l'enseigne avec beaucoup de raison M. Valette(1), cet article n'a pas pour objet de soustraire aux principes généraux de la prescription tous les articles antérieurs dans lesquels la loi s'en occupe; mais son objet est de bien établir que la promulgation du titre de la prescription n'abroge pas les articles relatifs à la prescription et antérieurement promulgués. Il résulte d'ailleurs des travaux préparatoires que les rédacteurs ont entendu établir dans l'art. 133 une véritable prescription; il eût été bizarre d'accorder aux descendants de l'absent une faveur spéciale, et de leur retirer en même temps le bénéfice du droit commun. On objecte l'incertitude de la propriété. A cela deux réponses péremptoires : d'une part l'art. 2252, qui, en suspendant la prescription au profit des mineurs et interdits, a préféré leur intérêt à celui de la propriété; et, d'autre part, la propriété dans l'espèce n'est pas incertaine, puisque l'envoyé définitif est propriétaire incommutable à l'égard des tiers; tous les droits qu'il a consentis restent valables, l'absent ou ses descendants ne peuvent reprendre leurs biens que dans l'état où ils se trouvent!

(1) M. Valette, sur Proudhon, t. I, p. 335, note a.

Nous avons encore à nous poser sur l'art. 133 une double question. Les enfants ou descendants peuvent-ils agir contre tous les envoyés à quelque titre que ce soit, et, s'ils réussissent dans leur action, que vont-ils obtenir?

Et d'abord l'action ne peut être utilement dirigée que contre ceux qui possèdent les biens de l'absent à titre d'héritiers présomptifs; ils se trouvent désormais sans droit, puisqu'il existe des héritiers plus proches et contre lesquels ils n'ont pas prescrit. Quant aux autres envoyés, donateurs avec clause de retour, nu-propriétaires (1), on ne peut les inquiéter : il faudrait pour cela rapporter la preuve de l'existence de l'absent, et l'art. 133 ne s'applique que tant qu'il y a absence.

En second lieu, que devront rendre aux enfants et descendants directs les envoyés définitifs évincés en vertu de l'art. 133? La question est facile à résoudre. Les enfants peuvent demander la restitution des biens, *comme il est dit en l'article précédent* : ils les reprennent donc dans l'état où ils se trouvent. Il serait illogique, en effet, qu'ils eussent contre les envoyés définitifs plus de droits que l'absent lui-même!

(1) De même les enfants ne peuvent agir contre les légataires, sauf néanmoins dans une hypothèse que nous avons indiquée ci-dessus (ch. I, sect. v). L'absence a cessé par la preuve de l'existence remontant à une époque déjà éloignée; seconde déclaration d'absence, et il est prouvé que le légataire, dont les représentants sont en possession du legs, était mort à l'époque où l'absent vivait certainement encore : le legs était donc caduc.

CHAPITRE IV

DES DROITS ÉVENTUELS QUI PEUVENT S'OUVRIR AU PROFIT DE L'ABSENT DEPUIS SA DISPARITION OU SES DERNIÈRES NOUVELLES.

Après avoir déterminé les effets de l'absence quant aux biens que l'absent possédait au jour de sa disparition, la loi dans les articles 135 à 138 s'occupe des droits éventuels qui peuvent lui compéter.

Remarquons tout d'abord que les quatre articles compris dans la section II de notre chapitre III, s'appliquent au cas d'absence présumée comme au cas d'absence déclarée ; ce sont des principes généraux que le législateur pose, et qui trouveraient tout aussi bien leur place au titre des successions ou des obligations. On a voulu, en s'appuyant sur la rubrique de notre section *Des effets de l'absence....* restreindre l'application des art. 135 à 138 au cas d'absence déclarée ; mais alors la loi aurait donc laissé sans garantie les biens qui étaient à un individu dont l'existence n'est pas prouvée, sans doute, mais qui probablement existe encore : cela est inadmissible, et d'ailleurs les termes de l'art. 135 et de l'art. 136 sont trop généraux pour que l'on puisse distinguer entre les diverses périodes de l'absence : *Quiconque réclamera un droit échu à un individu dont l'existence n'est pas reconnue* (1)... Or, l'existence du présumé absent n'est pas reconnue ; il peut exister, il est plus vraisemblable qu'il existe, mais de certitude point!...

Ainsi le présumé absent conserve les droits subordonnés à la condition de son existence qui lui étaient déjà acquis avant sa disparition ; ils sont compris dans l'envoi en possession provisoire, mais il ne peut plus en acquérir. Quand il s'agit d'un non-présent, c'est-à-dire d'un individu qui n'est pas actuellement à son domicile, mais sur l'existence duquel ne s'élève aucun doute, il est évident que nos articles ne s'appliquent pas. Il ne faut pas qu'un homme auquel on n'a aucune négligence à reprocher, qui voyage pour le service de sa patrie ou pour les besoins de son commerce, puisse à son retour se trouver en partie dépouillé des successions qui auraient pu lui échoir, pendant qu'il ne pouvait lui-même veiller à ses intérêts (2). Ce sera même dans ce cas que s'appliquera l'art. 113, qui commet un notaire pour représenter les présumés absents dans les partages où ils sont intéressés. Pour concilier cet article avec l'art. 136, aux termes duquel le présumé absent ne succède pas, il faut évidemment supposer que la succession s'est ouverte pendant la période de non-présence (3).

(1) Ces mots ont été ajoutés pour remplacer le mot *absent* qui se trouvait dans les articles 23 et 24 du projet. On a voulu prévenir toute équivoque.

(2) Nous verrons en effet que le véritable héritier n'a aucun recours à exercer contre les acquéreurs de meubles, et que de plus il perd les fruits. (Art. 2279 et 138.)

(3) L'art. 113 s'appliquerait aussi dans le cas d'une succession ouverte depuis la disparition de l'absent, si ses cohéritiers, dans l'espoir de son retour, refusaient d'user du droit que leur confère l'article 136.

Nous allons nous demander dans quels cas nos articles sont applicables, quelles conditions doivent remplir ceux qui recueillent des droits éventuels à défaut de l'absent, et enfin quels sont les droits de l'absent qui reparaît, soit contre ceux qui ont recueilli à son défaut les droits éventuels, soit contre les tiers avec lesquels ils ont traité.

SECTION Ire. — CAS D'APPLICATION DES ART. 135 A 138.

Il est des droits qui ne peuvent être acquis à celui qui est appelé à les recueillir qu'autant qu'il existe au moment où ils ouvrent; ce sont les droits éventuels, droits conditionnels d'une nature particulière, puisqu'ils sont subordonnés à l'existence de celui au profit duquel ils s'ouvriront, et ne peuvent être transmis par lui à d'autres qu'autant qu'il en a été personnellement saisi.

Aussi nous avons vu que l'envoi provisoire comprend tous les biens de l'absent, à l'époque de sa disparition, même les droits conditionnels, droits certains, que le titulaire ne peut exercer *hic et nunc*, sans doute, mais qu'il peut conserver (art. 1180) et transmettre; l'envoi en possession provisoire ne comprendrait pas au contraire les droits éventuels, parce que si l'absent était réellement mort au moment de sa disparition, ces droits n'étant pas ouverts dans sa personne, il n'aurait pu les faire passer à ses héritiers. Ainsi, le droit de succéder est un droit éventuel. Pour succéder, il faut nécessairement exister à l'instant où s'ouvre la succession (art. 725) ; toute disposition testamentaire est caduque, si le légataire n'a pas survécu au testateur dans le cas où le legs serait pur et simple (art. 1035) et à l'avénement de la condition, dans le cas où le legs serait conditionnel (art. 1040). Le droit de retour ne s'ouvre que dans le cas où le donateur qui l'a stipulé survit au donataire (art. 951). Le donataire de biens à venir ne peut profiter de la donation qu'autant qu'il survit au donateur (art. 1089). L'appelé ne peut invoquer la substitution que s'il survit au grevé (art. 1053). Enfin, le paiement d'une rente viagère ne peut être fait qu'autant que le créancier justifie de son existence ou de celle de la personne sur la tête de qui la rente est constituée (art. 1983).

La loi s'occupe donc des droits éventuels, c'est-à-dire subordonnés à cette condition, que l'ayant-droit existera quand le droit lui-même s'ouvrira, et voici ce que décide le législateur.

Art. 135 : *Quiconque réclamera un droit échu à un individu dont l'existence ne sera pas reconnue, devra prouver que ledit individu existait quand le droit a été ouvert; jusque-là, il sera déclaré non recevable dans sa demande.*

Cette disposition n'est que l'application de la théorie des preuves. C'est à celui qui affirme l'existence d'un droit à prouver le fait qui sert de fondement à sa prétention (1); dès lors c'est à celui qui prétend exercer un droit conditionnel à prouver l'accomplissement de

(1) Loi 2, de Probationibus, XXII, 3, D.—Ei incumbit probatio qui dicit, non ei qui negat.—Art. 1315, C. N.

la condition, et si la condition apposée est l'existence de l'ayant-droit au moment où le droit s'ouvrira, il faudra prouver qu'il existait aussi à cette époque. S'il réclame lui-même, il sera la preuve vivante du fait ; mais si l'on agit en son nom, c'est alors qu'il faut demander aux représentants d'établir l'existence de leur auteur au moment de l'ouverture du droit. Si donc les créanciers ou héritiers présomptifs de l'absent réclament en son nom un droit éventuel ouvert pendant son absence, comme ils ne peuvent prouver l'existence de l'absent lorsque s'est ouvert le droit qu'ils réclament, l'absent sera réputé mort, et le droit attribué provisoirement, non pas à ses héritiers présomptifs, mais à ceux à qui l'existence de l'absent, si elle était prouvée, ferait obstacle.

Telle est toute la théorie de la loi, dont elle fait l'application au cas spécial d'une succession ouverte au profit de l'absent, depuis la disparition ou les dernières nouvelles (art. 136).

Les droits éventuels qui s'ouvrent au profit de l'absent sont recueillis par ceux qui y auraient été appelés si son décès avait été prouvé. Ainsi le légataire substitué vulgairement à l'absent recueillera ce legs, à moins qu'on ne prouve que l'absent premier institué existait encore à l'ouverture du legs. La même règle est énoncée, en ce qui touche les successions, par l'art. 136.

S'il s'ouvre une succession à laquelle soit appelé un individu dont l'existence n'est pas reconnue, elle sera dévolue exclusivement à ceux avec lesquels il aurait eu le droit de concourir, ou à ceux qui l'au-

raient recueillie à son défaut. La loi fait abstraction de l'absent, elle dispose comme s'il était mort. Une mère décède laissant trois enfants; l'existence de l'un d'eux est incertaine : la succession est dévolue aux deux autres. Une femme meurt laissant son mari et un cousin; on ignore ce qu'est devenu ce cousin : le mari aura toute la succession (1).

Mais on a soulevé la question de savoir si, dans les successions qui admettent le principe de la représentation (2), un absent peut être représenté par ses enfants.

La question peut se présenter dans deux hypothèses.

I. Primus meurt laissant deux frères, Secundus présent, Tertius, dont l'existence est incertaine, mais qui a des enfants présents.

II. Primus meurt laissant deux fils; l'un, Secundus est présent; l'existence du second, Tertius, n'est pas reconnue, mais il a des enfants présents.

Dans ces deux cas, les enfants de Tertius seront-ils exclus par leur oncle, Secundus, ou concourront-ils avec lui?

On a soutenu que les enfants de l'absent n'auraient aucun droit dans l'espèce, et voici comment on a repoussé leur prétention : Vous ne pouvez, leur dit-on,

(1) Sauf, bien entendu, la faculté pour les véritables ayant-droits ou leurs représentants de venir plus tard, avant qu'il n'y ait prescription, prouver qu'ils existaient au moment voulu, et reprendre les biens à ceux qui les ont recueillis (art. 137).

(2) C'est-à-dire en ligne directe descendante (art. 740) et en ligne collatérale, en faveur des enfants et descendants des frères et sœurs du défunt (art. 742).

venir de votre chef, car il faudrait prouver que votre père existait lors de l'ouverture de la succession et qu'il vous l'a transmise ; cette preuve vous est impossible, puisqu'il est en état d'absence. Vous ne pouvez, d'autre part, venir par représentation, car on ne représente que les personnes défuntes (art. 744), et qui sait si votre père n'existait pas quand s'est ouverte la succession?

Telle est la théorie étrange soutenue cependant par de graves auteurs, par Lebrun, dans l'ancien droit, par Locré et Proudhon, dans le Code (1), et aujourd'hui universellement abandonnée. L'absent ne peut être, relativement au même objet et entre les mêmes personnes, réputé à la fois mort et vivant : mort à l'effet de l'exclure de la succession, vivant à l'effet de le rendre incapable d'être représenté par ses enfants. — Les deux présomptions sont contradictoires ; les enfants de l'absent répondraient donc péremptoirement au dilemme que leur oppose l'opinion contraire : De deux choses l'une, ou notre père était vivant quand s'est ouverte la succession directe, nous réclamons notre part, ou il était mort. S'il était vivant, il a recueilli cette succession, et il nous l'a transmise avec la sienne propre ; s'il était mort, nous pouvons le représenter. La pensée du législateur est évidente ; la voici : Toutes les fois qu'une personne, désignée pour succéder, est absente au moment où s'ouvre la succession, il faut la considérer comme morte à cette époque et appliquer les règles ordinaires des successions, par conséquent la représen-

(1) Lebrun, successions, livre I, ch. I, sect. I, n° 11. — Locré, sur l'art. 744. — Proudhon, t. II, p. 102.

tation, s'il y a lieu. Les art. 135 et 136 se résument à dire : On agira comme s'il était certain que l'absent était mort; puis l'art. 137 apporte immédiatement la restriction, sauf preuve acquise postérieurement de son existence (1).

Celui dont l'existence n'est pas reconnue ne doit pas être compté lorsqu'il s'agit de déterminer la quotité disponible dans une succession à laquelle il avait été appelé. La réserve est une portion de la succession *ab intestat*, et n'appartient au réservataire qu'à titre d'héritier. Ce point ne fait doute aujourd'hui ni dans la doctrine ni dans la jurisprudence (2).

Nous savons qu'à l'égard des biens appartenant à l'absent, lors de sa disparition, la loi prend certaines mesures de protection. Pendant la première période, elle ne confie à personne l'administration de ce patrimoine délaissé; c'est la justice qui y pourvoit, s'il est en souffrance, et ce n'est qu'après cinq ou onze ans, après enquête et publicité, que l'envoi en possession provisoire est prononcé par un jugement.

Il n'en est pas de même des droits éventuels qui s'exercent depuis la disparition de l'absent; ceux qui sont appelés à les recueillir à son défaut en sont investis de plein droit immédiatement, sans enquête ni publications. Puis la loi exige des envoyés en possession provisoire certaines garanties : inventaire, caution, vente des meubles; elle limite les pouvoirs des envoyés, elle détermine la portion de fruits que l'absent de retour

(1) Paris, 27 janvier 1812. — Cassation, 10 nov. 1824.
(2) Cassation, 23 mars 1841.

peut, suivant les cas, réclamer. Lors, au contraire, qu'un absent présumé ou déclaré est exclu d'une succession qui s'est ouverte pendant son absence, ceux qui la recueillent à sa place prennent les biens, non pas comme mandataires et représentants de l'absent, mais comme propriétaires, comme les seuls héritiers connus quant à présent, s'il s'agit d'une succession; plus généralement enfin, comme les seuls ayant-droit.

Aussi décide-t-on unanimement que ceux qui recueillent des droits éventuels à défaut de l'absent, ne doivent ni donner caution ni faire vendre le mobilier. Seraient-ils au moins tenus de faire inventaire? On l'a soutenu, et il y a quelques arrêts dans ce sens (1); on s'est fondé sur l'esprit général de la loi, toutes les fois que le législateur soupçonne que celui-là à qui la succession est dévolue, n'est pas le véritable ayant-droit; elle ordonne des mesures conservatoires pour le cas où il apparaîtrait plus tard (art. 769 et ss.). Or, il est possible que l'absent revienne; il faut donc pourvoir à ses intérêts; il y a plus : l'art. 117 lui réserve la pétition d'hérédité; mais, sans inventaire, elle serait inefficace. Sur quelles bases l'absent fonderait-il sa réclamation? — Aussi l'art. 113 ordonne au tribunal de commettre un notaire pour représenter l'absent dans les inventaires où il peut être intéressé (2); enfin, la loi n'a pu être inconséquente à ce point d'exiger des envoyés provisoires une caution, de limiter leurs pouvoirs pen-

(1) Riom, 21 mai 1816.—Paris, 26 février 1826.

(2) Les articles 819, C. N., 911, 928 et 942, Proc., exigent également des mesures conservatoire.

dant trente ans, tandis que, s'il s'ouvre une succession au profit de l'absent, trois mois peut-être après sa disparition, elle ne lui accordera pas la moindre garantie de restitution et refusera des mesures conservatoires qui profiteront à l'absent sans nuire à personne.

A toutes ces objections, il est facile de répondre. Les envoyés en possession provisoire sont les représentants de l'absent, ceux qui recueillent à défaut de l'absent des droits éventuels possèdent *pro suo*. La loi devait donc les traiter différemment; c'est ce qu'elle fait, personne ne le contestera à moins d'étendre arbitrairement les art. 123 et 124. L'art. 137 réserve à l'absent la pétition de l'hérédité et des autres droits, s'il revient; mais il n'impose aucune condition à ceux qui recueillent les droits à défaut de l'absent. Quant à l'art. 113, il ne s'applique qu'aux successions ouvertes avant la disparition ou les dernières nouvelles. Enfin les art. 810 Code Napoléon, 911, 928 et 942 Code de procédure s'occupent des non-présents seulement. Telle paraît être évidemment la solution qui résulte du texte et des principes, sauf peut-être à dire avec Merlin que l'opinion contraire est plus sage que la loi!

En second lieu, tandis que la loi limite les pouvoirs des envoyés provisoires, qu'ils ne peuvent ni aliéner ni hypothéquer (art. 125 et 128), ceux qui ont recueilli des droits éventuels à défaut de l'absent ont la pleine propriété et la libre disposition, sauf plus tard, et encore ce point est-il controversé, résolution des aliénations et hypothèques qu'ils ont consenties, s'il est démontré que la propriété n'était qu'apparente.

En troisième lieu, ceux qui ont recueilli à défaut de l'absent la succession ou tout autre droit, conservent la totalité des fruits perçus de bonne foi (art. 138); les envoyés provisoires n'en gardent le plus souvent qu'une fraction (art. 127).

Enfin les envoyés en possession ne sont que des détenteurs précaires qui ne peuvent jamais prescrire contre l'absent. L'art. 137, au contraire, réserve à ceux qui ont pris la place de l'absent le droit de prescrire contre lui !

SECTION II. — DROIT DE L'ABSENT QUI REPARAÎT CONTRE CEUX QUI ONT RECUEILLI LES BIENS A SON DÉFAUT.

Les art. 137 et 138 sont ainsi conçus :

Art. 137. *Les dispositions des deux articles précédents auront lieu sans préjudice des actions et pétitions d'hérédité et d'autres droits, lesquels compéteront à l'absent ou à ses représentants ou ayant-cause, et ne s'éteindront que par le laps de temps établi pour la prescription.*

Art. 138. *Tant que l'absent ne se représentera pas ou que les actions ne seront pas exercées de son chef, ceux qui auront recueilli la succession gagneront les fruits par eux perçus de bonne foi.*

Si la loi refuse, dans les art. 138 et 136, à un individu dont l'existence n'est pas reconnue l'exercice de droits qui peut-être lui appartiennent, elle ne l'en dépouille pas irrévocablement, et s'il reparait ou si ses

(1) Dans le langage de la loi, le mot *représentants* est plus spécialement réservé à ceux qui continuent la personne, comme les héritiers, et le mot

représentants ou ayant-cause (1) prouvent qu'il existait encore lorsque se sont ouverts ces droits, dès lors lesdits droits seront exercés par lui ou ses représentants, pourvu qu'ils agissent avant qu'il y ait prescription.

Ces mots de l'art. 137 : *actions en pétition d'hérédité*, se réfèrent à l'art. 136 qui ne s'occupe que des successions échues à l'absent. Les mots suivants : *et d'autres droits*, ont trait au principe général posé en l'art. 137 pour tous les droits subordonnés à l'existence du titulaire. Aussi la loi dit-elle, sans fixer de laps de temps, que ces actions s'éteindront par le laps de temps établi pour la prescription ; si l'art. 137 ne s'était occupé que de la pétition d'hérédité, et si ces mots : *autres droits*, n'avaient pour but que de réserver à l'absent ses droits contre les tiers qui auraient traité avec le propriétaire apparent, la loi aurait déterminé le délai de la prescription ; mais il n'en est rien, la prescription sera plus ou moins longue, suivant la nature du droit qui sera l'objet de l'action. Ce sera trente ans pour la pétition d'hérédité (art. 2262) ; ce serait cinq ans seulement si l'absent de retour réclamait les arrérages d'une rente viagère (art. 2277).

Quant à l'art. 138, il est certain qu'il ne vise que l'hypothèse d'une succession échue à l'absent et recueillie par d'autres ; mais il n'est pas douteux non plus qu'il ne faille appliquer la règle qu'il contient à tous ceux qui, ayant indûment recueilli des biens au défaut

ayant-cause à ceux qui exercent tel ou tel droit d'un individu sans être les successeurs de sa personne juridique : ainsi les donataires et légataires, les créanciers agissant en vertu de l'article 1166.

de l'absent, les auraient possédés de bonne foi. C'est la règle générale, le droit commun des art. 549 et 1578, et si l'art. 138 devait la rappeler en termes exprès dans le cas de succession, c'est pour constater l'abrogation de la vieille règle romaine : *Fructus augent hereditatem*, en vertu de laquelle le possesseur même de bonne foi d'une hérédité était tenu de restituer tous les fruits qu'il n'avait pas encore consommés au moment de la demande.

Du reste, nous devons reconnaître que le Code s'est plus spécialement préoccupé de l'hypothèse la plus fréquente, celle d'une succession échue à l'absent et recueillie par d'autres à son défaut. Nous allons donc examiner avec quelques détails les règles qui régissent cette pétition d'hérédité accordée à l'absent, et plus généralement les droits de l'héritier véritable contre l'héritier apparent.

Nous définirons la pétition d'hérédité, non pas toute action par laquelle l'héritier réel vient réclamer d'un possesseur quelconque la restitution d'un ou de plusieurs biens faisant partie d'une succession, mais l'action qu'il intente contre ceux qui détiennent tout ou partie des biens héréditaires en qualité d'héritiers, soit comme se prétendant le plus proche successible, soit comme s'étant rendu cessionnaire des droits de l'héritier apparent (art. 1696). Ainsi, première différence entre la revendication et la pétition d'hérédité : la première s'intente contre tout possesseur; la seconde ne s'intente que contre celui qui possède *pro herede*.

Seconde différence. Le délai de la pétition d'hérédité

est toujours de trente ans (1), qu'elle soit intentée contre l'héritier apparent, son représentant universel, ou le cessionnaire de ses droits héréditaires; son effet est de dépouiller l'héritier apparent de tout ce qu'il possédait de la succession, meubles et immeubles. Lors au contraire que l'héritier véritable agit contre l'acquéreur d'un bien héréditaire, détenant ce bien à tout autre titre que celui d'héritier, c'est une revendication dont le délai peut varier suivant les circonstances.

S'il s'agit d'un meuble corporel, l'acquéreur aura la prescription de l'art. 2279, pourvu que la chose n'ait été ni volée, ni perdue, auquel cas l'héritier véritable pourrait agir dans les trois ans de la perte et du vol (art. 2280).

S'il s'agit d'un immeuble et que l'acquéreur ait bonne foi et juste titre, il prescrira par dix à vingt ans (articles 2265 et 2266) ; s'il est de mauvaise foi ou qu'il n'ait pas de juste titre, le détenteur ne pourra invoquer que l'art. 2262, et la revendication de l'héritier véritable se prescrira par trente ans comme la pétition d'hérédité.

Il y a lieu à la pétition d'hérédité toutes les fois qu'une succession a été appréhendée par un autre que le véritable héritier, ce qui peut arriver dans deux cas distincts:

(1) Il est évident que l'action en pétition d'hérédité donnée à celui qui réclame sa qualité d'héritier, comme l'absent, et qui jamais ne s'en est dépouillé par une renonciation, doit durer trente ans. En effet, les articles 789 et 790 accordent à celui qui a renoncé à une succession, à laquelle il était appelé le droit de revenir sur cette renonciation et d'accepter de nouveau la succession, si elle est vacante : pendant combien de temps ? *Pendant le temps requis pour la prescription la plus longue des droits immobiliers*, c'est-à-dire pendant trente ans.

1° En cas d'absence présumée et déclarée de l'héritier réel (c'est l'hypothèse des art. 136 et 137). Dans ce cas les parents plus éloignés, à qui la présence de l'absent aurait fait obstacle, sont appelés à la succession; la loi prononce même une vocation. L'art. 136 est attributif de droit : *La succession sera dévolue, etc.;* ce sont de véritables héritiers ayant un titre légitime de possession, pourvu bien entendu qu'ils ignorent l'existence de l'absent.

2° Lorsque l'héritier véritable est inconnu ou garde le silence. Dans ce cas, et bien que d'autres parents plus éloignés appréhendent la succession, il n'en est pas moins le seul héritier, le seul saisi de plein droit et à son insu (art. 711 et 724), car son silence ne peut faire présumer sa renonciation (art. 784) : donc celui qui prend possession de l'hérédité n'est qu'un détenteur de bonne ou de mauvaise foi : de bonne foi, s'il ignore qu'un autre y est appelé avant lui; de mauvaise, s'il sait que l'hérédité est déférée par la loi à un plus proche parent que lui.

Ces deux hypothèses, qui diffèrent en ce que, dans la première, l'héritier apparent est appelé par la loi, tandis que dans la seconde il se crée à lui-même les causes de sa possession en appréhendant l'hérédité, sont du reste régies par les mêmes principes et les mêmes doctrines, du moins en général. Dans les deux cas, le véritable héritier, sortant de l'inaction où il était par suite de son absence ou de l'ignorance de l'ouverture de la succession, a contre l'héritier apparent la pétition d'hérédité, dont nous allons examiner rapidement les règles dans le droit ancien et dans notre droit moderne.

§ Ier. — *De la pétition d'hérédité en droit romain et dans l'ancien droit.*

I. *Droit romain.* — Le sénatus-consulte d'Adrien faisait une distinction fondamentale. Si le possesseur était de bonne foi, il était tenu seulement... *quatenùs locupletior factus est*; l'enrichissement s'apprécie au moment de la demande; il devait donc restituer les biens qu'il avait encore, dans l'état où ils étaient, sans répondre même des détériorations par lui commises : *Si quid dilapidaverunt, perdiderunt, dum ex re suâ abuti putant, non præstabunt* (1); il n'est tenu, en un mot, que de rendre ce qui reste entre ses mains : *id quod durat* (2). Quant aux fruits, les jurisconsultes leur appliquaient ce principe, que le possesseur de bonne foi doit rendre ce dont il est plus riche au moment de la demande. En conséquence si le possesseur n'avait pas profité des fruits, ou si le profit n'existait plus parce que les fruits avaient été consommés, pas de restitution; que si au contraire les fruits n'étaient pas consommés, ou si du moins le bénéfice que le possesseur de bonne foi en avait retiré existait encore, il en devait compte. *In bonæ fidei possessione, hi tantum veniunt fructus in restitutione, quasi augmenta hereditatis, per quos locupletior factus est.* Et ailleurs : *Fructus augent hereditatem* (3).

(1) Loi 25, § 11 de Hered. petit, V. 3, D. Voir aussi loi 31, § 3, eod. tit. : *Qui rem alienam quasi suam neglexit nulli querelæ subjectus est antè petitam hereditatem; posteà vero prædo est.*

(2) Loi 23, princ., eod. tit.

(3) Lois 40, § 1, 20, § 3 et 28, eod. tit.

Le possesseur de mauvaise foi, au contraire, devait restituer tous les biens ; il répondait des dégradations par lui commises, des dépenses nécessaires qu'il avait omises : *Sumptum si facere debuit nec fecit, hujus culpæ reddat rationem;* il était même tenu de la perte par cas fortuit, s'il était prouvé qu'elle ne fût pas arrivée entre les mains de l'héritier véritable : *Illud quoque in oratione divi Hadriani* (le sénatus-consulte Jouvencien) *est, ut post acceptum judicium id actori præstetur quod habiturus esset, si eo tempore quo petiit restituta esset hereditas.*

Enfin, quant aux fruits, le possesseur de bonne foi devait restituer non-seulement ceux qu'il avait perçus, mais ceux qu'il avait négligés de percevoir : *quos percipere debuit* (1).

II. *Ancien droit français.* — Notre ancienne jurisprudence admettait les décisions du droit romain sans difficulté, en ce qui touche le possesseur de mauvaise foi, et lui imposait toutes les conséquences rigoureuses de son indue possession. Quant au possesseur de bonne foi, on s'accordait à dire, comme les textes que nous venons de citer, qu'il devait être tenu *quatenùs locupletior factus est;* seulement on appréciait différemment

(1) Lois 31, § 3, et 40, de hered. petit. ; loi 25, § 4, eod. tit.—Des constitutions impériales augmentèrent encore la responsabilité déjà si rigoureuse du possesseur de mauvaise foi. Il dut restituer au double les fruits qu'il avait perçus ou négligé de percevoir à quelque époque que ce fût. La restitution au double n'avait lieu originairement que pour le temps écoulé depuis la *litis contestatio* jusqu'à la sentence (loi 1, de fructibus et litium expensis, IV, 10, C. Théod., (const. de Valentinien et Valens). Justinien (C. VII, 51, loi 2), insère la constitution de Valentinien, mais la modifie en décidant que la restitution aura toujours lieu au simple.

l'enrichissement. Le droit romain examinait le patrimoine du défendeur au moment où était intentée la pétition d'hérédité : s'il y avait enrichissement actuel résultant de la possession de cette hérédité, le possesseur était tenu à restitution; si l'enrichissement n'existait plus, quand même la perte résulterait de la négligence du possesseur, celui-ci ne devait aucun compte.

Pothier établit une présomption pour faciliter l'application de cette théorie romaine, qu'il admet d'ailleurs : « *Personne*, dit-il, *ne devant être présumé dissi-* « *per ce qui fait le fonds d'un bien qu'il croit lui appar-* « *tenir, le possesseur de bonne foi des biens d'une suc-* « *cession est censé avoir profité de tout ce qui lui est* « *parvenu des biens de cette succession... et en profi-* « *ter encore, à moins qu'il ne fasse apparoir du con-* « *taire* (1). »

En ce qui concerne la restitution des fruits, on suivait les principes du droit romain. Domat le constate, et remarque que cela distingue la condition du possesseur de bonne foi d'une hérédité de celle de tout autre possesseur, « *que rien n'oblige à penser qu'aucun autre* « *que lui ait droit en ce qu'il possède* (2). » Pothier regrette que notre pratique française ait suivi les errements du droit romain : « *Car*, dit-il, *si un père de fa-* « *mille est censé conserver son fonds, il est au con-* « *traire présumé dépenser ses revenus; il devrait en* « *conséquence être déchargé des comptes de fruits* (3). »

(1) Traité de la propriété, n° 420.
(2) Lois civiles, livre 3, titre 5, sect. 3, n° 9.
(3) Traité de la propriété, n° 430.

§ II. — *De la pétition d'hérédité d'après le Code Napoléon.*

Le possesseur de mauvaise foi doit être aujourd'hui encore, de l'avis unanime, traité avec la même rigueur : restitution complète des fruits, responsabilité s'étendant même aux cas fortuits ; en effet, celui qui s'empare d'une succession qu'il sait appartenir à un autre commet un fait dommageable au véritable héritier, et tout fait quelconque de l'homme qui cause à autrui un dommage oblige celui par la faute duquel il arrive à le réparer (art. 1380) (3).

Quant au possesseur de bonne foi, on est divisé sur la responsabilité qu'il convient de lui assigner.

Les uns refusent d'admettre la décision du droit romain. Le possesseur doit rendre non les biens dans l'état où ils se trouvent, *id quod durat*, comme d'après l'article 132, mais dans l'état où ils devraient être sauf les cas fortuits ou de force majeure. En effet, dit-on, la loi ne lui réserve que les fruits qu'il a perçus (art. 138) : où puiserait-il la dispense de restituer le fonds lui-même ? L'article 132 s'applique, non pas aux droits éventuels recueillis par d'autres à défaut de l'absent, mais aux biens qu'il possédait lors de sa disparition. On conçoit qu'après trente-cinq ans la loi donne aux envoyés définitifs un pouvoir illimité sur des biens qui, très-probablement, deviendraient leurs ; on ne concevrait

(3) Si par exemple l'héritier apparent de mauvaise foi a vendu un bien héréditaire, il devrait restituer, non pas toujours le prix reçu, mais la valeur réelle, si elle est supérieure à ce prix.

pas que le Code, après avoir décidé que toute succession échue à l'absent après sa disparition serait recueillie par ceux à qui sa présence faisait obstacle, sans prendre aucune mesure conservatrice dans son intérêt, ne lui réservât pas au moins le droit d'exiger une restitution intégrale !

D'autres auteurs, et nous préférons leur doctrine, appliquent l'article 132 et la théorie romaine : le possesseur de bonne foi rend à l'absent ce qui reste de l'hérédité. Il est facile d'écarter l'argument *à contrario* de l'article 138. Cet article n'a pas la portée qu'on lui donne ; nous savons qu'il n'a d'autre but que d'abroger la règle : *Fructus augent hereditatem;* il ne faut donc pas retourner contre le possesseur de bonne foi une disposition introduite en sa faveur. Il y a plus : raisonnons en pur droit : Le possesseur de bonne foi est tenu comme détenteur, soumis à la pétition d'hérédité, action réelle ; dès qu'il ne possède plus, il n'est plus tenu : sa seule obligation c'est de ne pas s'enrichir au détriment de l'héritier éventuel ; mais il ne doit jamais être forcé de l'indemniser sur son propre patrimoine, à moins qu'il ne lui ait volontairement causé par son délit quelque dommage, auquel cas il sera tenu de le réparer. Cette théorie sur la responsabilité du possesseur de bonne foi a été reproduite dans les dispositions du Code qui réglementent la situation du possesseur de bonne foi actionné en restitution par le véritable propriétaire (1).

(1) Articles 132, 1380, 1935.

Mais, dira-t-on, en règle générale le débiteur d'un corps certain est responsable des détériorations qui proviennent de sa faute ou de son fait (art. 1245); il ne peut alléguer pour repousser cette responsabilité que le cas fortuit (art. 1302). Le possesseur de bonne foi, débiteur de l'hérédité, *res certa*, doit donc être traité d'après ces principes dont l'article 1042 fait application à l'héritier, qui, bien qu'ignorant le legs dont il était grevé, par conséquent se croyant propriétaire de la chose léguée n'en répond pas moins envers le légataire de sa faute et de son fait.

Ceci est incontestable; mais à toute règle il y a des exceptions, et l'exception que nous proposons en faveur du possesseur de bonne foi était admise par le droit romain et par notre ancien droit.

Que disait le droit romain? *Si heres rem legatam ignorans in funus consumpsit... per in factum actionem legatario consulitur ut indemnitas ei ab herede præstetur* (1). L'héritier débiteur d'un legs était responsable de ses faits personnels. La même règle était applicable à tout débiteur obligé en vertu d'un contrat à transférer la propriété d'un corps certain : *De illo quæritur an et is qui nesciens se debere occiderit, teneatur : quod Julianus putat* (2). Le possesseur de bonne foi d'une hérédité, au contraire, n'était tenu que jusqu'à concurrence de son enrichissement : *Qui rem alienam quasi suam neglexit nulli querelæ subjectus est.*

(1) Loi 63, de legatis, 2° XXXI, D. — Instit. de leg. § 16.
(2) Loi 91, § 2, de verb. oblig., XLV, 1, D.

Cette distinction l'ancien droit l'avait reproduite; pourquoi le Code l'aurait-il abandonnée : elle est d'ailleurs très-rationnelle. On conçoit parfaitement que l'héritier, bien que n'ayant pas contracté avec le légataire, soit tenu de ses faits personnels; il a accepté la succession avec toutes ses charges, il ne peut se plaindre d'une situation qu'il s'est librement créée... De même et *à fortiori*, l'héritier d'une personne qui a contracté, et qui, dans l'ignorance du contrat, aliène, détruit, ou détériore la croyant sienne, la chose qui fait l'objet de l'obligation, doit être tenu même de son fait, car, ou il a accepté la succession de son auteur purement et simplement, et alors il le représente, il succède à ses obligations ; or le défunt est responsable du fait de son héritier, car il aurait dû l'avertir de l'existence du contrat ; ou il a accepté bénéficiairement, il n'est qu'administrateur et comme tel doit s'abstenir de tout acte de nature à diminuer ou dégrader les biens héréditaires qui lui sont confiés. Il est donc logique qu'il réponde même de son fait (1). Le possesseur de bonne foi d'une hérédité, au contraire, n'est obligé que parce qu'il possède : qu'il restitue donc ce qu'il a entre les mains, rien de plus juste; mais qu'alors il soit libéré, et qu'on ne le force pas à restituer les biens dans l'état où ils devraient être sauf, bien entendu, les cas fortuits et de force majeure.

Ces principes posés, il est facile de déterminer les

(1) Il est si vrai que telle est la théorie de la loi que le Code, dans l'article 1935, a dû faire une exception en faveur de l'héritier du dépositaire qui aurait aliéné la chose dont il ignorait le dépôt.

obligations et les droits du possesseur de bonne foi d'une hérédité.

1° Il ne répond des dégradations faites sur les biens héréditaires que jusqu'à concurrence des profits qu'il en a retirés. Il faut, bien entendu, qu'elles soient de telle nature qu'elles n'impliquent pas la malveillance et par là même la mauvaise foi (1) ; les tribunaux sur ce point auront [illegible] pouvoir appréciateur ;

2° S'il a alié[illegible] à titre gratuit, il ne doit aucune indemnité, il est lib[illegible], car il ne possède plus et il a cessé de posséder sans do[illegible] ;

3° S'il a aliéné à titre onéreux, il devra non pas la valeur de la chose, mais le prix qu'il a reçu, encore qu'il soit de beaucoup inférieur à la valeur réelle de la chose ;

4° Quant au prix de vente et aux capitaux par lui touchés, nous dirons avec Pothier qu'en principe il sera présumé en avoir tiré profit, sauf à lui à faire la preuve contraire ;

5° Enfin, quant aux fruits qu'il perçoit, il les gagne tant que dure sa bonne foi, en vertu de l'article 138 (2).

(1) *Telles qu'il aurait pu faire sur l'héritage sans fraude, comme maître et seigneur peut faire pour sa commodité.* (Loy[illegible]au, déguerpissement, livre 5, chap. XIV.)

(1) On a dit que la règle *Fructus augent hereditatem* devait encore être appliquée sous le Code, hors les cas prévus par l'article 138 ; mais alors il faut supposer non plus une action en pétition d'hérédité, mais une action en partage. Un copartageant demandant le partage comme il en a le droit à toute époque, pourrait parfaitement réclamer à son copartageant qui pendant l'indivision a détenu et administré les biens, les fruits qu'il a perçus et les faire comprendre dans la masse partageable. Le droit romain le décidait ainsi ; dans l'action *familiæ erciscundæ : Coheredi quisque suo condemnandus est, quod solus fructus hereditarii fundi percepe[r]it.* Instit. de officio judicis, $ 4.

Celui qui a recueilli de bonne foi une hérédité ou un droit éventuel, au défaut de l'absent, peut devenir par la suite possesseur de mauvaise foi : mais sa bonne foi cessera-t-elle, lorsqu'il apprendra que l'absent existe, ou seulement lorsqu'il saura que la demande en restitution aura été formée contre lui ? L'art. 550 nous paraît répondre à cette question : *Le possesseur cesse d'être de bonne foi au moment où les vices de son titre lui sont connus.* La loi ne distingue pas, de quelque façon que le possesseur perde l'*animus domini*, la mauvaise foi commence et avec elle la responsabilité rigoureuse qu'elle entraîne. On a bien argumenté de ces mots de l'art. 138 : *Tant que l'absent ne se représentera pas et que les actions ne seront pas exercées de son chef, ceux qui auront recueilli la succession gagneront les fruits par eux perçus de bonne foi.* — Donc la bonne foi ne cesse que par la réclamation de l'héritier véritable (1) ; mais nous avons montré plus haut que l'art. 138 avait pour but unique d'abroger la règle *Fructus augent hereditatem*, et non de déterminer à quelle époque cessait la bonne foi. Le jurisconsulte Ulpien s'était déjà posé la question et l'avait résolue ainsi : *Quid si scit quidem, nemo autem ei denuntiavit? An incipiat usuras debere pecuniæ redactæ? Et puto debere, cœpit enim malæ fidei possessor esse* (2).

(1) L'ordonnance de 1539 (art. 94) n'obligeait le possesseur actionné en revendication qu'à la restitution des fruits perçus par lui depuis la demande libellée.

(2) Loi 20, § 11, de hered. petit., livre 5, tit. 3, D. Le Code Napoléon a dérogé expressément à l'article 550 dans l'article 962. — Lorsqu'une donation a été révoquée par survenance d'un enfant au donateur, le donataire

Supposons maintenant que la succession à laquelle l'absent était appelé soit échue à plusieurs cohéritiers, le partage se fait entre les héritiers présents, mais l'un d'eux devient insolvable. L'absent de retour réclame sa part avant trente ans : qui va supporter les conséquences de cette insolvabilité? — Soit une succession de 100, et cinq héritiers. L'un est absent, les quatre autres font le partage et obtiennent chacun 25 au lieu de 20 : l'absent revient et réclame sa part contre ses cohéritiers. — Mais Primus, l'un d'eux, est tombé en déconfiture, quels sont les droits de l'absent? On a soutenu que les 75 restant seraient remis en commun et partagés entre l'absent et ses trois cohéritiers solvables, de telle sorte que l'insolvabilité du quatrième sera également supportée par tous, sauf bien entendu recours contre lui. En effet, le partage n'a pas été fait entre tous les ayant-droit ; il est nul, et l'héritier omis a le droit d'en demander un nouveau ; ce qui a été fait ne peut lui nuire : *res inter alios acta* (art. 1165); l'absent a donc conservé sa part indivise sur tous les objets de l'hérédité : son droit sur les choses héréditaires a été conservé comme s'il n'y avait pas eu de partage, sans cela on arriverait à transformer son action en pétition d'hérédité, action réelle qui lui est formellement réservée dans l'art. 137, en une simple action personnelle ayant pour objet une créance qui n'a pu se former sans sa participation et son aveu. Les partisans de cette opi-

quoique connaissant la naissance de l'enfant, n'en gagne pas moins les fruits jusqu'au jour où elle lui a été notifiée par un exploit ou un autre acte en bonne forme.

nion invoquent encore une loi romaine, suivant laquelle le partage qui a lieu sans la participation de l'un des intéressés ne peut préjudicier à ses droits : *Juri absenti et ignorantis minimè derogari;* il conserve sa part indivise dans tous les objets communs : *Pro indiviso portionem quæ initio ipsius fuit in omnibus communibus rebus eum retinere certissimum est* (1).

Nous n'admettons pas cette solution. Les héritiers à qui la succession est échue avaient droit de la partager; ils en étaient propriétaires, et nul n'est tenu de rester dans l'indivision : rien ne les obligeait à réserver la part de l'absent; ils pouvaient la partager entre eux, sauf restitution. L'absent, sans nul doute, conserve sa pétition d'hérédité, il peut même demander un nouveau partage; mais comme, après tout, il est en faute, il devra supporter à lui seul l'insolvabilité de ses copartageants; il serait injuste, en effet, que le retour de l'absent fît perdre quelque chose à ses cohéritiers (2).

(1) Loi, 17 Familiæ erciscundæ, III, 36, C.—Il faut supposer que la succession se compose d'immeubles, de meubles corporels et d'argent comptant. Les créances, au contraire, du moins selon l'avis général, ne sont pas comprises dans le partage, mais divisées de plein droit par la loi dès l'instant de l'ouverture de la succession (art. 1220); chaque cohéritier ayant reçu dans l'espèce une créance de 25 au lieu d'une créance de 20, que la loi lui attribuait, serait devenu envers l'absent débiteur de 5, de telle sorte que celui-ci de retour n'obtiendra que 15. Au contraire, s'il s'agit d'immeubles et de meubles corporels, dans l'opinion que nous combattons, il y aura un nouveau partage. Les 75 restants seront remis en commun; partagés entre quatre, chacun aura, 18|75.

(2) Dans ce système l'absent n'obtiendra que 15, car il ne pourra demander que 5 à chacun de ses cohéritiers et rien à l'insolvable.

SECTION III. — DROIT DE L'ABSENT QUI REPARAÎT, ET PLUS GÉNÉRALEMENT DE L'HÉRITIER VÉRITABLE, CONTRE LES TIERS QUI ONT TRAITÉ AVEC CEUX PAR LESQUELS ONT ÉTÉ RECUEILLIS LES SUCCESSIONS ET LES AUTRES DROITS ÉVENTUELS QUI LEUR SONT ÉCHUS.

Nous avons examiné les droits de l'absent qui vient, avant qu'il y ait prescription, réclamer les droits éventuels recueillis par d'autres que par lui. Il reprend ses biens dans l'état où ils se trouvent et doit respecter tous les actes d'administration, et même de disposition émanés de celui qui a pris sa place, en ce sens qu'il ne peut lui en demander compte ; mais pourra-t-il critiquer ces actes vis-à-vis des tiers, pourra-t-il, si l'un de ses biens a été aliéné, le revendiquer, ou faire tomber toutes les hypothèques qui auraient été constituées.

Cette question célèbre, objet des plus vives et des plus interminables discussions entre la doctrine et la jurisprudence, mérite un examen attentif ; elle se rattache d'ailleurs à toute une théorie dont nous devons esquisser les principaux traits. Posons donc plus généralement la question : Quels sont les pouvoirs de l'héritier apparent, et quels droits peut-il conférer aux tiers? Nous nous occuperons plus spécialement du cas où une succession n'a pas été dévolue au véritable ayant-droit par suite de son absence, nous rechercherons ensuite si les mêmes règles sont encore applicables, au cas où un autre que l'héritier véritable s'est emparé d'une hérédité par suite du silence ou de l'inaction de ce dernier.

§ Ier. — *L'héritier véritable est présumé et déclaré absent.*

Nous savons toutes les différences qui existent entre ceux qui ont recueilli, à défaut de l'absent, une succession ou tout autre droit éventuel ouvert à son profit, et les envoyés en possession provisoire. Ceux-ci ne sont que les représentants de l'absent avec pouvoir de faire les actes d'administration et non les actes de disposition : ceux-ci le possèdent à titre de propriétaire de par la loi. Toutefois leur droit n'est pas incommutable, puisque l'art. 137 réserve à l'absent de retour la pétition d'hérédité et autres actions. Le législateur aurait dû, dans l'intérêt de la société, des tiers et de l'absent lui-même, déterminer nettement quels actes parmi ceux émanés de l'héritier apparent doivent être maintenus, quels peuvent être critiqués. Le champ était donc ouvert à tous les systèmes.

Si l'on raisonnait d'après les principes rigoureux, on arriverait à cette étrange solution : *Nemo dat quod non habet.* L'absent, héritier véritable, revient; il est prouvé que l'héritier apparent n'avait aucun droit; donc les droits qu'il aurait consentis à des tiers doivent tomber avec le sien : *Resoluto jure dantis resolvitur accipientis.*

Cette déduction n'est évidemment pas admissible : une autre théorie consisterait à dire : L'envoyé en possession définitive (art. 132) a sur les biens conquis dans l'envoi les pouvoirs les plus illimités; il peut aliéner, hypothéquer sans que l'absent de retour puisse inquiéter les tiers, et l'art. 132 ne s'applique qu'aux biens possédés par l'absent au jour de sa disparition ; *à fortiori*, celui qui recueille en son propre nom des biens dont l'absent n'a jamais eu la propriété, doit-il avoir des pouvoirs plus étendus que l'envoyé définitif.

Cette solution serait satisfaisante si l'on supposait la succession ouverte au profit de l'absent après l'envoi définitif, et elle a été donnée par des auteurs fort considérables pour cette hypothèse ; mais elle devient inadmissible quand la succession s'ouvre pendant les périodes de présomption ou de déclaration d'absence ; l'argument *à fortiori* n'a plus aucun poids, et l'on est obligé de créer une distinction là où le législateur n'en a pas fait, et de dire : Si la succession s'ouvre au profit de l'absent pendant l'envoi définitif, ceux qui la recueillent à son défaut auraient *à fortiori* les mêmes pouvoirs que l'envoyé définitif. Si au contraire la succession s'ouvre pendant les deux premières périodes de l'absence, l'héritier apparent n'a plus les mêmes pouvoirs ni les même droits. Cette distinction encore une fois serait arbitraire.

Entre ces deux théories extrêmes il en est une troisième moins absolue, et cependant conforme aux textes et aux principes généraux. Il y a en effet des actes émanés de l'héritier apparent qui sont incontestablement valables, d'autres pour lesquels la question est plus douteuse.

§

I. — Paiements.

En premier lieu, l'héritier véritable qui revendique

l'hérédité, doit respecter les paiements que les débiteurs auraient fait entre les mains de l'héritier apparent. L'art. 1240 est sur ce point formel : *Le paiement fait de bonne foi à celui qui est en possession de la créance, est valable encore que le possesseur en soit par la suite évincé.* Le possesseur de la créance est celui qui se trouve dans une position telle qu'on doit naturellement et légitimement croire que la créance lui appartient, qu'il a droit de poursuivre le débiteur pour le contraindre à payer, et que, de son côté, le débiteur peut exiger de lui sa libération. Telle est assurément la situation de l'héritier apparent.

§

II. — Baux.

Le bail est essentiellement un acte d'administration, et nul ne contestera que l'héritier apparent n'ait le droit d'administrer une succession que la loi lui attribue à défaut de l'absent. Nous croyons d'ailleurs, bien que cela soit contesté, que le simple possesseur de bonne foi d'une chose particulière a le droit de consentir des baux. Aucun texte ne s'oppose au maintien de ces baux, et la doctrine contraire serait nuisible aux intérêts de l'agriculture. Ajoutez qu'il est certain, les textes en font foi, que la maxime *resoluto jure dantis* qui s'applique aux aliénations et constitutions de droits réels (art. 2125) ne régit pas les baux. Voyez l'acquéreur à l'acte de rachat ! Si le vendeur qui exerce le réméré reprend son fonds exempt des charges et hypothèques dont l'aurait grevé l'acheteur, il est tenu d'exécuter les baux faits sans fraude (art. 1673). Le maintien des baux consentis par le simple possesseur repose non pas sur l'hypothèse souvent inadmissible d'un mandat donné au possesseur par le propriétaire, mais sur ce motif que la possession est un fait que la résolution et la revendication ne peuvent anéantir dans le passé : « *Si donc on ne peut pas l'empêcher d'avoir existé,* « dit M. Demolombe, *on doit admettre aussi qu'il a* « *existé avec ses conséquences nécessaires et raisonna-* « *bles : or, l'une de ces conséquences est celle qui re-* « *connaît au possesseur le droit d'administration de la* « *chose ; ne faut-il pas en effet que les biens soient ad-* « *ministrés. Il le faut dans l'intérêt de tout le monde,* « *de la société, des tiers, du véritable maître lui-* « *même. Or, qui donc peut admettre le bien, si ce* « *n'est le possesseur actuel, celui-là qui seul, tant* « *qu'il le possède, le représente à l'égard des tiers* (2). »

On objecte à cette solution les art. 1796 et 1797 qui semblent supposer que le preneur, malgré sa bonne foi, peut être évincé par le propriétaire revendiquant sa chose, donc la possession du bailleur et la bonne foi du preneur ne suffisent pas pour faire maintenir le bail (1). Mais ces articles ne doivent s'entendre que

(1) De l'absence, nº 237.

(2) Les champions de cette doctrine invoquent aussi l'ancien droit et la décision donnée par Pothier (louage, nºˢ 81 et 82), décision reproduite dans les articles 1726 et 1727. Mais on conçoit parfaitement *et à fortiori* que le bail fait par le simple possesseur de bonne foi, ne pouvait alors obliger le propriétaire, puisqu'il était de règle que les baux consentis par l'usufruitier n'obligeaient pas le nu-propriétaire, et que même l'acquéreur à titre particulier n'était pas obligé de respecter ceux consentis par celui dont il tenait la propriété de la chose louée (louage, nº 312). Nous savons que le Code a admis

du cas où le preneur aurait loué d'un individu sans titre apparent. Le possesseur de bonne foi, et dans notre espèce, l'héritier putatif possède *pro suo;* nous maintiendrons donc les baux qu'il aura consentis, non-seulement pour neuf ans, mais encore les baux d'une durée plus considérable que le preneur aura acceptés croyant traiter avec le véritable propriétaire. Ce n'est pas ici, selon nous, le cas d'appliquer les articles 1429 et 1430, dont les dispositions ont trait à certaines personnes gérant notoirement pour autrui, comme le mari administrateur des propres de sa femme. Tous ceux qui traitent avec le mari, avec l'usufruitier, savent que leur pouvoir est restreint et que le législateur, dans l'intérêt du propriétaire, a dû limiter la durée des baux.

§

III. — Transactions.

La question sur ce point est assez délicate. *Une transaction*, dit l'art. 2053, *peut être rescindée lorsqu'il y a eu erreur sur la personne.* On a prétendu que l'erreur sur la personne serait toujours une cause de nullité de la transaction, parce qu'elle est toujours faite *intuitu personæ.* Cette proposition nous semble inexacte, et la règle de l'art. 2053 doit être tempérée par le principe général de l'art. 1110. L'erreur sur la personne est une cause de nullité dans la transaction comme dans tout

le principe contraire, et par conséquent rien n'entrave plus aujourd'hui une solution que Pothier lui-même pressentait, et dont il comprenait toute l'importance.

autre contrat, pourvu que ce soit la détermination de la personne avec qui elle traitait qui a déterminé la partie trompée à contracter. D'où il suit que si j'ai transigé avec le possesseur d'une hérédité, ayant des motifs suffisants pour le croire véritablement héritier, je ne serai pas admis plus tard à demander la nullité de la transaction.

Mais l'héritier véritable devrait-il la respecter? Ne pourrait-il pas dire : Pour transiger, il faut avoir la capacité d'aliéner; l'héritier apparent ne l'avait pas! On lui répondrait qu'il y a lieu de distinguer entre l'aliénation et la transaction. L'une n'est jamais nécessaire, l'autre peut être commandée par la nécessité d'une bonne administration pour éviter un procès douteux. Aussi avons-nous reconnu que l'envoyé provisoire qui ne peut pas aliéner peut transiger avec l'autorisation de justice, et Pothier accordait formellement, non pas précisément à l'héritier apparent, mais au *procurator omnium bonorum*, dont la situation est analogue, le pouvoir de transiger si la nécessité d'une bonne administration l'exigeait : « *comme aussi d'acquiescer aux de-* « *mandes formées contre le mandant, lorsqu'il les trouve* « *bien justifiées et qu'il n'a rien à opposer contre* (1). »

§

IV. — Jugements.

Il n'y a pas, en ce qui concerne les jugements et arrêts, de disposition analogue à celle de l'art. 1240; dès

(1) Du mandat, chap. v, art. 2, n°s 156 et 157.

lors l'absent de retour n'ayant pas été représenté dans l'instance, il semble que la chose jugée ne lui sera pas opposable et qu'il pourra former tierce opposition. On l'a prétendu, mais cette doctrine nous paraît trop absolue. Sans doute elle est exacte si l'héritier apparent s'est entendu avec son adversaire à l'effet de préjudicier aux droits de l'absent; celui-ci n'aurait pas été représenté et le jugement n'aura pas à son égard force de chose jugée. Que si, au contraire, l'héritier apparent a plaidé de bonne foi, il est plus conforme aux principes de décider que les jugements rendus pour ou contre lui sont opposables à l'héritier véritable.

En effet, nous avons admis que l'envoyé provisoire peut exercer toutes les actions de l'absent même immobilières, tandis qu'il ne peut aliéner. L'intervention de la justice préviendra les fraudes, et souvent un procès peut être un acte de bonne administration; *à fortiori*, déciderons-nous de même quand il s'agit de l'héritier apparent qui se croit véritablement propriétaire, et qui est regardé comme tel par les tiers. D'ailleurs la prescription n'est pas suspendue parce que les biens sont possédés par un autre que par le véritable ayant-droit; elle court activement et passivement : il faut donc qu'elle puisse être interrompue. Or, contre qui les tiers pourraient-ils agir, si ce n'est contre l'héritier apparent? Il serait inique qu'ils perdissent leurs droits par suite de l'absence de l'héritier réel. Qui pourrait agir contre les tiers prescrivant un bien de l'absent, si ce n'est l'héritier apparent? Aussi l'intérêt de l'héritier véritable et celui des tiers exige que le possesseur ait qualité pour intenter toutes les actions et pour y défendre. « *On ne* « *peut pas dire en effet,* remarque Toullier (1), *que ce* « *soit une chose jugée* inter alios ; *c'est la même per-* « *sonne morale qui passe d'un individu à un autre. Le* « *vrai propriétaire doit s'imputer d'avoir laissé repo-* « *ser ses droits sur la tête d'un tiers, et de l'avoir laissé* « *couvert du masque de la propriété.* »

§

V. — Aliénations et constitutions d'hypothèques.

L'héritier apparent peut avoir aliéné soit un meuble corporel ou incorporel, soit un immeuble, soit son droit héréditaire. Examinons successivement ces diverses hypothèses :

1re *hypothèse. Vente d'un meuble corporel.* — L'absent ne peut évincer les tiers de bonne foi qui possèdent les meubles corporels que leur a vendus l'héritier apparent. Ils sont propriétaires incommutables en vertu de l'art. 2279.

2e *hypothèse. Vente d'un meuble incorporel.* — L'héritier apparent a vendu, en se conformant aux art. 1689 et suivants, une créance : l'absent de retour peut-il revendiquer contre le cessionnaire? Non, dit-on ; l'art. 2279 ne distingue pas entre les meubles corporels ou incorporels, et d'ailleurs il serait bizarre que l'acquéreur de bonne foi d'un immeuble, ayant juste titre, pût prescrire par dix ans, tandis que le cessionnaire d'une créance ne pourrait dans les mêmes conditions invoquer

(1) Tome VII, n° 27.

que la prescription trentenaire! Cette doctrine est basée sur une erreur: il est en effet incontestable que l'art. 2279 ne s'applique pas aux meubles incorporels. Les mêmes motifs qui ont fait admettre la prescription instantanée ne se rencontrent plus; la circulation des créances est moins rapide que celle des objets corporels : leur identité est plus facile à prouver, et leur propriété est presque toujours à constater par écrit; celui qui se met en relation de droit avec un prétendu créancier peut facilement s'assurer si la créance sur laquelle il se propose de traiter est bien la sienne. S'il ne le fait pas, il commet une imprudence, et la loi ne lui doit plus aucune protection. En outre, les expressions employées par le législateur, choses *purement mobilières* (art. 1141), choses pouvant être *perdues ou volées* (art. 2279), *achetées dans un marché d'un marchand vendant des choses semblables* (art. 2280), prouvent surabondamment que la règle : *En fait de meubles, possession vaut titre*, ne régit pas les rentes et créances. Chose étrange, cette dernière doctrine a été adoptée par la cour de cassation, qui tombe alors dans une singulière contradiction : elle annule les ventes de créances faites par l'héritier apparent, et valide les aliénations d'immeubles. Aussi tous les auteurs qui, dans la doctrine, soutiennent la validité des ventes immobilières consenties par l'héritier apparent, donnent dans notre espèce une solution identique, les uns s'appuyant sur l'art. 2279, qui, disent-ils, a voulu conserver au mot *meubles* toute la généralité qui lui est donnée dans l'art. 535 ; les autres en appliquant ici la fameuse théorie du mandat que nous examinerons tout à l'heure, à savoir que l'héritier apparent a été le *procurator omnium bonorum* de l'absent et que le droit de transporter les créances peut être aussi bien compris dans son mandat que celui d'aliéner les immeubles.

3e *hypothèse. Vente faite par l'héritier apparent d'un immeuble de la succession.* — L'absent de retour peut-il inquiéter les tiers par une action en revendication?

Un mot sur les précédents : Le droit romain accordait à l'héritier véritable une action contre le tiers détenteur qui avait acquis à titre particulier une chose de l'hérédité : *Emptor qui proprio titulo possessionis munitus est etiam singularum rerum jure convenitur* (1).

Il résulte également d'autres textes que les acheteurs d'objets particuliers s'affranchissent de la revendication par la prescription de dix ou vingt ans et par l'usucapion (donc ils y sont soumis), tandis que ceux qui sont passibles de la pétition d'hérédité ne sont libérés que par trente ans. Il est vrai qu'on nous oppose la loi 25, § 17, *de hered. petit* (2), sur laquelle Merlin a basé son système : *Si rem detraxit bonæ fidei possessor, an singulas res, si nondum usucaptæ sunt, vindicare petitor ab emptore possit; et puto posse res vindicari.* Or, Merlin traduit ces mots *si rem detraxit* par ceux-ci : s'il a vendu tous les biens de l'hérédité en masse, le *jus hereditarium*; dans ce cas, il reconnaît à l'héritier véritable l'action en pétition d'hérédité utile, qui lui est accordée par d'autres textes, notamment par les lois 13, § 4, 9 et

(1) Loi 2, de petit. hered., et loi 7, cod. tit. C. III, 31.
(2) D. V, 3.

10 du même titre ; que si, au contraire, nous entendions ces mots : *si rem detraxit*, du cas où l'héritier apparent a vendu un objet particulier, l'objection tirée de la loi 25 tombera et avec elle la théorie de Merlin.

Dans l'ancien droit, la question des aliénations faites par l'héritier apparent n'avait pas reçu de solution uniforme. La validité avait été sanctionnée par plusieurs arrêts, notamment un arrêt du parlement de Normandie du 17 juin 1739, plusieurs arrêts du parlement de Toulouse, et enfin le fameux arrêt du parlement de Paris du 19 juin 1744, rendu contre un mémoire de Cochin (1). Denizart enseigne positivement *qu'il faut maintenir tous actes, soit d'administration, soit d'aliénation passés par le parent éloigné en qualité d'héritier, pendant que le parent plus proche ne s'est pas présenté pour réclamer son droit* (2).

D'autres auteurs, parmi lesquels Lebrun (3), soutiennent la doctrine contraire. « *Il est certain que l'héritier* « *plus éloigné n'aurait pu aliéner pendant sa jouissance* « *au préjudice du plus proche héritier.* » Il lui reconnaît au contraire le pouvoir de plaider et de transiger. Enfin, un grand nombre de coutumes décidaient que la vente était nulle (4). D'après le droit féodal, enfin, lorsqu'il n'y avait pas d'héritier du sang connu, le seigneur se présentait à la succession, et était héritier apparent sous

(1) Cause pour demoiselle Michelle Ferraud ; œuvres de Cochin, t. v, page 621.

(2) V° *héritier*, § 2, n° 16.

(3) Successions, livre 3, chap. IV, n° 57.

(4) Notamment la coutume de Poitou (art. 301), qui ne mettait l'acquéreur à l'abri de la revendication que par la prescription de dix à vingt ans.

la seule condition de rendre les biens, s'il se présentait des parents plus proches. S'il les avait vendus, le véritable héritier, lorsqu'il s'était fait connaître, pouvait les revendiquer quoique l'acquéreur fût de bonne foi.

Arrivons au Code. Il est en droit deux principes incontestables, admis par toutes les législations, principes de bon sens et d'équité. Le premier, formulé en ces termes par Ulpien : *Nemo plus juris ad alium transferre potest quam ipse habuit* (1), a été reproduit par les art. 1599, 2125 et 2182 du Code : *Celui qui n'a sur une chose qu'un droit résoluble ne peut conférer un droit incommutable; le vendeur ne transmet à l'acheteur que les droits qu'il avait sur la chose vendue; la vente de la chose d'autrui est nulle.* Nous trouvons le second principe énoncé dans un fragment de Papinien : *Id quod nostrum est ad alium sine facto nostro transferri non potest* (2) ; il a inspiré les art. 537, 544 et 545 de notre Code, desquels il résulte que nul ne peut être dépouillé de sa propriété, sans son consentement et par le fait d'un tiers. Or, l'héritier apparent n'était pas propriétaire incommutable, lorsque l'existence de l'absent est prouvée; il est démontré par là même qu'il n'avait aucun droit sur la succession, il n'a donc pu en conférer aux tiers. La propriété des biens est toujours restée à l'absent. Or, la revendication est la conséquence de la propriété.

Ce point de départ est incontestable. Mais, nous dit-

(1) Loi 54, de div. reg. juris.—L. 17, D.
(2) Loi 11, eod. tit.

on, si le législateur a voulu déroger à ces principes, il en était le maître. L'a-t-il fait? Là est la question.

Avant d'examiner la doctrine qui prononce catégoriquement la validité des aliénations consenties par l'héritier apparent, passons en revue quelques systèmes dont les solutions nous paraissent arbitraires.

Une première opinion distingue si l'héritier apparent est de bonne ou de mauvaise foi; dans le premier cas seulement la vente est maintenue, il ne faut pas que le vendeur de bonne foi soit constitué en perte directement ou indirectement par la revendication de l'héritier véritable. Or, le tiers évincé recourrait en garantie contre lui et lui demanderait la restitution du prix de vente, plus des dommages et intérêts. Nous répondons: Quant au prix de vente, l'héritier apparent aurait été obligé de le restituer à l'héritier véritable; peu lui importe de le verser entre les mains de l'acquéreur évincé. En effet, nous avons montré que sans doute le possesseur de bonne foi n'était, chez nous comme en droit romain, tenu que *quatenùs locupletior factus est*. Seulement l'enrichissement, avons-nous dit, est apprécié différemment, car tandis qu'autrefois on recherchait si au moment de la demande il existait encore, aujourd'hui, par cela seul que le possesseur a reçu les deniers, il est réputé en avoir profité. Quant aux dommages et intérêts que peuvent réclamer les tiers acquéreurs, il nous semble raisonnable de les faire supporter non au possesseur de bonne foi qui n'a rien à se reprocher, mais à l'héritier véritable qui est en faute de n'avoir pas exercé son droit.

D'autres auteurs et un assez grand nombre d'arrêts ne maintiennent les aliénations faites par l'héritier apparent que dans le cas où le vendeur et l'acheteur sont de bonne foi. Cette doctrine au premier abord paraît équitable, mais elle est contraire aux principes du droit. L'art. 1167 nous apprend en effet, que si un débiteur de mauvaise foi aliène ses biens à titre onéreux en fraude de ses créanciers, ceux-ci ne peuvent attaquer l'aliénation que dans le cas où l'acquéreur serait de mauvaise foi; si, au contraire, l'acquéreur est de bonne foi, quoique le vendeur soit de mauvaise foi, l'aliénation est maintenue.

Aussi l'opinion la plus généralement adoptée, sanctionnée par la jurisprudence, quoique repoussée énergiquement par la doctrine, n'exige la bonne foi que chez l'acquéreur, et voici les arguments invoqués par ses partisans. Nous essaierons d'y répondre.

On invoque d'abord l'intérêt des tiers, leur invincible bonne foi. Ils n'ont eu aucun moyen de s'assurer si leur vendeur était ou non le véritable propriétaire; l'équité serait blessée si le droit qu'ils ont cru légitimement acquérir leur était ensuite refusé. — Sans doute, répondons-nous, la loi tient compte de la bonne foi; elle permet à ceux qui peuvent l'invoquer, s'ils ont un juste titre, de prescrire par dix à vingt ans; elle fait gagner les fruits au possesseur de bonne foi (art. 549 et 138), mais elle ne va pas jusqu'à créer en faveur de l'acquéreur de bonne foi une prescription instantanée, analogue à celle de l'art. 2279.

Pourquoi, continue la jurisprudence, l'art. 1240 valide-t-il même à l'égard de l'héritier véritable le paiement fait à l'héritier apparent? Parce que le débiteur qui l'a fait a été de bonne foi, c'est-à-dire dans une erreur invincible; la même raison milite en faveur du maintien des aliénations. — Non, le cas est tout autre. En fait, le débiteur de la succession doit payer, sinon l'héritier apparent le poursuivra, le fera condamner, à moins qu'il ne prouve, ce qui est presque impossible, qu'il existe un véritable héritier qui est le créancier légitime. Le débiteur devait fatalement payer. Voilà pourquoi la loi le protége. Quant aux tiers acquéreurs, s'ils avaient quelqnes doutes, pourquoi ont-ils acheté de l'héritier apparent? Ils devaient s'abstenir; ils ont été imprudents : qu'ils subissent la peine de leur imprudence!

Mais, objecte-t-on, l'art. 132 permet aux envoyés définitifs de disposer des biens de l'absent, et si celui-ci revient, il ne pourra inquiéter les tiers; or, le tiers qui achète de l'héritier apparent est plus favorable que celui qui traite avec l'envoyé définitif; il agit en toute sécurité. — A cette objection, deux réponses :

1° L'art. 132 est une dérogation à la règle, qu'un propriétaire ne peut aliéner. L'exception est de droit étroit; elle confirme la règle et ne peut s'étendre par analogie.

2° La disposition de l'art. 132 est basée sur un motif qui n'existe pas ici. L'absent est disparu depuis plus de trente années, c'est-à-dire depuis un laps de temps suffisant pour qu'un tiers de mauvaise foi ait pu devenir propriétaire de ses biens par prescription. La loi, afin de ne pas laisser la propriété incertaine, donne au possesseur le droit d'aliéner. — Dans notre hypothèse, une succession échoit à un présumé absent ; il revient peut-être après un an d'absence, et l'on voudrait lui appliquer la décision vigoureuse de l'art. 132, motivée sur des présomptions invincibles de la mort du véritable propriétaire !

On invoque aussi l'art. 790, dans lequel la loi réserve formellement le droit des tiers. Le législateur ne considère jamais la renonciation d'un héritier comme définitive, et il autorise le renonçant à accepter tant qu'un autre héritier n'a pas accepté et qu'il n'y a pas prescription. Mais à quelle condition ? A la condition *de respecter les droits qui peuvent être acquis à des tiers sur les biens de la succession, soit par prescription, soit par actes valablement faits avec le curateur à la succession vacante*. S'il n'y a pas similitude complète, il y a au moins grande analogie de position quant aux rapports avec les tiers entre l'héritier qui revient sur sa renonciation et celui qui ne se fait connaître que tardivement. Cette assimilation nous paraît inexacte. Que les actes passés par le curateur à la succession vacante soient respectés par l'héritier apparent, cela se concoit : le curateur est mandataire légal de l'héritier, auquel il rendra compte de sa gestion quand il se présentera ; l'héritier apparent, tout au contraire, est forcément l'adversaire de l'héritier réel ; il prescrit contre lui chaque jour les biens de la succession : loin de conserver son droit, il l'anéantit !

Enfin, on énumère d'autres dispositions de la loi portant exception au principe que le propriétaire seul peut aliéner : c'est l'art. 1380, d'après lequel la vente d'une chose payée indûment faite par l'*accipiens* de bonne foi doit être respectée; les articles 2005, 2008 et 2009, qui déclarent valables les traités passés avec le mandataire postérieurement à la révocation du mandat que le mandant ne leur avait pas fait connaître; l'art. 1935, aux termes duquel la vente de la chose déposée par l'héritier du dépositaire dans l'ignorance du dépôt est valable. — Qu'importent toutes ces dispositions? Elles ont toutes leur raison d'être (1); mais, y en eût-il cent, elles ne feraient que confirmer la règle que nous avons posée, et dont nous ne nous écarterons pas tant qu'on ne nous montrera pas une exception écrite en faveur de l'héritier apparent. Quand le législateur a voulu protéger la bonne foi des tiers, il s'en est expliqué fort clairement; là où il garde le silence, nous pouvons regretter une omission, trouver la loi rigoureuse, mais sans jamais la suppléer.

Telles sont là les raisons qui ont amené la jurisprudence à bâtir ce système, si contraire à tous les principes, et dont les défenseurs avouent assez franchement, du reste, l'illégalité, puisque l'un d'eux, rapportant l'un des arrêts qui ont tranché la question, s'exprime en ces termes : « *Cette question n'a pas été prévue par* « *la loi, et pour elle, la mission du juge s'élève presque* « *à la hauteur de celle du législateur lui-même!* (2). »

(1) L'article 1935 ne nous semble pas d'ailleurs une exception au principe que toute aliénation ne peut émaner qu'*a domino*, mais plutôt l'application de l'article 2279, la chose déposée étant toujours mobilière.

(2) M. Carette, Observations sur l'arrêt d'Orléans du 27 mars 1836. Sirey, 1836, II, p. 293.

Aussi de savants professeurs, partisans de cette solution, ont-ils voulu lui trouver dans la loi elle-même une base solide, et voici comment ils raisonnent. Sans doute, aux termes de l'art 1988, le mandat même conçu en termes généraux n'embrasse que les actes d'administration; mais ce n'est là qu'une règle d'interprétation qui n'empêche pas que l'on reconnaisse dans un mandat quelconque le pouvoir d'aliéner quand il est évident que telle a été l'intention soit du mandant, soit du législateur lui-même? Voilà précisément ce qu'il faudrait prouver; qui donc a donné ce mandat à l'héritier apparent? L'absent? Personne ne le soutient. La justice? mais elle n'est pas intervenue. La loi? mais toutes les fois qu'elle confie à une personne le droit d'en représenter une autre, elle le dit expressément; elle le dit pour l'envoyé définitif (art. 132), pour le tuteur (art. 450), pour le possesseur d'une créance (art. 1240). — Le mandat légal n'est jamais tacite. Il faudrait un texte qui n'existe pas. Ce n'est pas l'art. 136 qui, dans sa première disposition, applique le droit commun: *Celui qui réclame du chef de l'absent une succession ouverte à son profit doit prouver son existence*, et, dans sa seconde partie, reconnaît provisoirement pour héritiers ceux qui sont appelés à défaut de l'absent. Eh quoi! la loi leur donne une propriété révocable et leur permet de disposer irrévocablement des biens qu'elle leur confie, mais ce serait le renversement de tous les principes!

Mais, ajoutent les partisans de la doctrine du mandat, préoccupés surtout du mouvement des affaires et voulant concilier avec la loi les nécessités pratiques : l'aliénation peut être indispensable; la loi, en déférant la succession aux cohéritiers de l'absent, leur donne le droit de liquider ; il faudra partager, liciter, vendre des immeubles pour payer les créanciers, se procurer des fonds pour faire des réparations urgentes. Voilà des actes d'absolue nécessité ; il faut bien que les héritiers présents aient pouvoir de les faire. — Tout cela est fort juste, mais il y a un moyen bien plus simple pour l'héritier apparent de faire des aliénations définitives opposables à l'absent lui-même : qu'il aliène tant au nom de l'absent qu'au sien propre, et, dès lors, si l'aliénation est nécessaire ou même simplement utile, l'absent devra les respecter; car l'héritier apparent a géré son affaire (art. 1375). Il y a plus : l'héritier apparent pourrait, avant d'aliéner, faire juger l'utilité de l'opération; l'absent de retour ne serait plus dès lors admis à la contester : il y aurait sécurité complète pour tout le monde !

§

La même controverse s'agite au sujet des constitutions d'hypothèques et de servitudes. Les mêmes arguments sont mis en présence : nous donnerons une solution identique. Nous croyons avoir démontré que l'héritier apparent n'avait pas capacité d'aliéner, et, d'après l'art. 2124 : « *les hypothèques conventionnelles ne peuvent être consenties que par ceux qui ont la capacité d'aliéner les immeubles qu'ils y soumettent.*

§

Un mot maintenant des aliénations à titre gratuit. Ici on est presque unanime à reconnaître qu'elles ne sont pas opposables à l'absent. Si général qu'on le suppose, fût-il *omnium bonorum cum liberâ administratione*, le mandat ne comprend jamais le pouvoir de faire des libéralités. Un seul auteur maintient la donation lorsqu'elle contient pour le donataire obligation de garantie, c'est-à-dire lorsqu'elle est faite *dotis causâ* (art. 1440 et 1547). Le donataire, en effet, recourrait contre l'héritier apparent du donateur, et celui-ci se trouverait constitué en perte par le fait de l'absent. A ceci, les partisans de la théorie du mandat répondent que l'héritier apparent qui a fait la donation souffre, non pas du fait de l'absent qui évince le donataire, mais en vertu de sa propre faute, puisqu'il a violé son mandat. Pour nous, fidèle aux principes de la loi, nous décidons que la donation étant nulle, l'absent peut évincer le donataire, sauf recours de celui-ci contre le donateur s'il avait droit à garantie !

§

4e hypothèse : Aliénation du jus hereditarium. — Ici encore, tout le monde est d'accord pour annuler l'opération. Comme toute autre chose, une hérédité ne peut être vendue que par son maître, c'est-à-dire par le véritable héritier (art. 1509), et s'il est prouvé par le retour de l'absent que le cédant n'avait aucun droit à la succession, il n'a pu en transmettre à personne. Aussi la cour de cassation s'est prononcée pour la nullité, se mettant ainsi en contradiction avec elle-même, de telle sorte qu'elle protége celui qui achète un à un tous les biens de l'absent, et qu'elle n'assure aucune protection à celui qui achète en une seule fois l'hérédité qui les comprend tous. M. Demolombe, fidèle à sa théorie du mandat, n'annule pas la vente de l'hérédité comme vente de la chose d'autrui; il l'annule, parce qu'en aliénant au profit d'un tiers l'universalité qu'il était chargé de gérer, l'héritier apparent, mandataire légal, abdique son mandat au lieu de l'exercer.

Quant à la prescription, nous devons signaler une différence : le cessionnaire de l'hérédité tout entière ne prescrira que pour trente ans, même à l'égard des meubles compris dans l'hérédité, car l'art. 2279 ne s'applique qu'aux meubles corps certains acquis individuellement; il ne pourra, quant aux immeubles, s'il a juste titre et bonne foi, invoquer la prescription de dix à vingt ans. L'art. 2265 n'en octroie le bénéfice qu'à l'acquéreur de tel immeuble déterminé, et non à l'acquéreur d'une universalité.

§

Nous donnerons les mêmes solutions dans le cas où l'absent, au lieu d'être héritier, aurait été légataire universel ou à titre universel. La succession, à son défaut, aura été recueillie ou par l'héritier légitime, ou par un colégataire, ou un légataire substitué vulgairement.

L'absent de retour aura, s'ils ont aliéné, la revendication contre les tiers acquéreurs.

Enfin, l'absent était légataire particulier d'un immeuble. Cet immeuble a été vendu soit par l'héritier légitime, soit par un légataire universel, soit par un légataire particulier substitué vulgairement : l'aliénation est encore nulle à son égard (1).

§ II. — *L'héritier véritable est présent, mais n'a pas appréhendé l'hérédité.*

Les mêmes questions que nous avons examinées se présentent ici, et nous donnerons les mêmes solutions. L'héritier véritable devra respecter les actes d'administration émanant de l'héritier non saisi (2); mais les actes de disposition seront nuls à son égard. Nous devons cependant examiner les décisions données dans ces différentes hypothèses par les partisans de la doctrine que nous avons combattue !

(1) Dans l'opinion qui valide les ventes faites par l'héritier apparent, on donne sur cette dernière hypothèse des solutions différentes. Les uns distinguent entre le cas où l'aliénation émane, soit de l'héritier légitime, soit d'un légataire universel, ils la tiennent alors pour valable, et le cas où elle a été faite par un légataire particulier substitué vulgairement, ils la déclarent nulle. M. Demolombe enseigne que dans tous les cas l'aliénation est nulle; le pouvoir d'administrer ne peut comprendre ce droit d'aliéner que quand il s'agit d'une universalité, être de raison distinct des biens qui la composent : « Au contraire, dit-il, tout objet certain a son individualité spéciale; « l'aliéner ce n'est pas l'administrer, c'est le perdre ! » (Abs., n° 254.)

(2) Tandis que tout acte d'aliénation émanant d'un héritier non saisi est nul, les mêmes actes émanés de celui qui est déclaré indigne doivent être maintenus. En effet, jusqu'au jugement qui prononce l'indignité, il a été réellement saisi; son droit est résolu pour l'avenir, mais subsiste dans le passé. Tout ce qui est jugé pour et contre lui, est jugé pour ou contre ceux qui succéderont à sa place en l'excluant comme indigne. Les ventes qu'il a consenties, les droits réels qu'il a constitués, les transactions qu'il a faites, tout sera respecté.

1° Un étranger s'est emparé de la succession; il l'a possédée sans autre titre : personne n'admet dans ce cas que les aliénations par lui consenties soient valables. On maintiendra seulement les actes d'administration à l'égard desquels les tiers ne sont pas en faute de n'avoir pas approfondi le titre de la personne avec qui ils traitaient.

2° C'est un parent plus éloigné du défunt qui s'est mis en possession de l'hérédité, en profitant de l'ignorance ou de l'inaction de l'héritier véritable. La jurisprudence dans ce cas maintient les aliénations, se fondant sur les art. 755 et 767 : « desquels il résulte qu'il « n'y a pas, dans notre droit, d'héritier nécessaire; que « par conséquent le degré de parenté ne suffit pas pour « faire reposer sur la tête du parent le plus proche la « pleine propriété des biens héréditaires, mais que « c'est l'acceptation qui l'investit réellement et le cons- « titue le véritable représentant du défunt; que l'arti- « cle 724 relatif à la saisine, et l'art. 777, faisant remon- « ter l'acceptation des héritiers légitimes au jour de « l'ouverture de la succession, posent des règles géné- « rales qui s'appliquent, quant aux tiers, au parent qui « se présente le premier et empêche par son accepta- « tion que la succession ne soit déclarée vacante (1). » Nous n'admettons pas cette solution et nous repoussons énergiquement le principe sur lequel elle est basée. Dans les successions *ab intestat*, la dévolution légale n'est pas faite à tous les parents habiles à succéder.

(1) Cassation, 16 janvier 1843.

La loi établit un ordre (art. 731), et celui-là est héritier qui, d'après cet ordre, est appelé à la succession. *Le mort saisit le vif, son hoir plus prochain héritier habile à lui succéder*, disait l'ancien droit (1). *La loi règle l'ordre de succéder entre les héritiers légitimes; ils sont saisis de plein droit*, dit le Code civil (art. 723 et 724). L'héritier légitime est donc appelé par la loi, il n'a pas besoin d'accepter; s'il accepte, il s'enlève le droit de renoncer plus tard. Et comme on l'a dit ingénieusement : nous n'avons plus d'héritiers nécessaires, mais nos héritiers saisis sont les héritiers siens du droit romain avec le bénéfice d'abstention. Si donc l'héritier le plus proche est seul saisi, il est évident que l'aliénation émanant d'un parent plus éloigné a été faite *à non domino;* la vente de la chose d'autrui est nulle, encore que l'acquéreur soit de bonne foi (art. 1599). Quant aux partisans de la théorie du mandat, ils n'admettent pas les considérants de l'arrêt de 1843, mais ils valident l'aliénation : Les parents plus éloignés ont, disent-ils, le droit de se présenter aux tiers non comme héritiers, mais comme administrateurs d'une succession qui, après tout, peut leur appartenir un jour, si l'héritier saisi ne la recueille pas, et dont alors ils seront censés avoir toujours été propriétaires : pourquoi n'administreraient-ils pas avec les pouvoirs les plus étendus des biens qui leur appartiennent éventuellement? Ce serait le moyen de forcer l'héritier plus proche à prendre un parti!

3° Enfin si un légataire universel a appréhendé l'hé-

(1) Coutume d'Orléans, art. 301.—Coutume de Paris, art. 318.

rédité en vertu d'un testament révoqué, dans ce cas encore nous annulerons les aliénations qu'il aurait consenties : *Resoluto jure dantis, resolvitur accipientis!*

CHAPITRE V.

DISPOSITIONS SPÉCIALES AUX MILITAIRES ABSENTS.

Si la loi a dû se préoccuper de l'absence en général, à plus forte raison devait-elle veiller aux intérêts de ceux qui vont au loin défendre l'honneur de la patrie et la gloire du drapeau national. Aussi des dispositions spéciales ont-elles accordé aux militaires absents une protection particulière et d'importants priviléges dont nous devons dire quelques mots. Ainsi Rome faisait cultiver aux frais de la République le champ de Régulus, pendant qu'il combattait pour elle.

Notre ancien droit, dans les quelques dispositions qu'il nous a léguées sur l'absence, ne distinguait pas entre les militaires et les non-militaires. Néanmoins le décès de ceux-là était plus facilement présumé, à cause de leur périlleuse profession : « *Il y a*, dit Pothier (2), *certaines circonstances qui peuvent former* « *des présomptions pour assigner à certains temps l'ouverture de la succession d'un absent ; par exemple,* « *si un homme de guerre a cessé de paraître et de* « *donner de ses nouvelles, après une bataille où son* « *régiment s'est trouvé, quoiqu'il n'y ait pas certi-*

(1) Introduction au titre xv de la coutume d'Orléans, sect. v, art. 1, n° 36

« *tude complète de la mort, il y a une présomption* « *suffisante qu'il a été tué pour assigner au jour de* « *cette bataille l'ouverture de sa succession.* »

Les lois spéciales applicables aux militaires absents sont les unes antérieures, les autres postérieures au Code, dont les dispositions s'appliquent, bien entendu, aux militaires, toutes les fois qu'il n'y a pas été dérogé en leur faveur.

§ Ier. — *Lois antérieures au Code Napoléon.*

I. *Lois du 11 ventôse et du 16 fructidor an II* (1).— D'après ces deux lois, les successions auxquelles sont appelés les militaires absents ne sont pas dévolues à leurs cohéritiers, et, même dans le cas où les recherches ordonnées par le ministre de la guerre resteraient sans résultat, on assemblera un conseil de famille qui nommera un curateur chargé de recueillir et d'administrer les biens héréditaires pour le compte de l'absent.

La loi de ventôse déroge donc au principe posé par les articles 135 et 136; mais on a discuté sur l'étendue de cette exception.

Quelques auteurs et un arrêt de cassation du 9 mars 1819 ont pensé que la loi de ventôse établissait une présomption de vie, d'après laquelle on peut toujours, sans prouver qu'un militaire existait lors de l'ouverture de la succession, réclamer en son nom la part à lui

(1) La loi du 16 fructidor étend à tous les citoyens attachés au service des armées de la République les dispositions de la loi de ventôse.

échue. Sans doute l'existence du militaire est exposée à mille périls, mais une foule de circonstances peuvent l'empêcher de donner de ses nouvelles ; le motif de son éloignement est connu. Une autre opinion, dont la solution nous paraît plus juridique, enseigne que la loi se borne à empêcher l'application des articles 135 et 136 sans créer une présomption de vie. La succession reste vacante, et comme telle, administrée par un curateur qui la restituera plus tard à l'ayant-droit. Pour admettre que la loi de ventôse a renversé le principe de l'article 136, il faudrait qu'elle s'en fût expliquée clairement, ce qu'elle n'a pas fait. Donc, elle se borne à prescrire des mesures garantissant à l'absent de retour la conservation de ses droits.

Remarquons en outre : 1° que la loi de ventôse ne s'applique pas à d'autres biens que ceux dépendant des successions testamentaires ou *ab intestat* dévolues au militaires depuis son départ : le but de la loi est de protéger les droits éventuels qui peuvent lui compéter contre les exigences du droit commun ; 2° qu'elle ne s'applique que pendant la période de présomption d'absence : une fois l'absence déclarée, la présomption de mort existe, le militaire retombe sous l'empire du droit commun.

Enfin, on s'est demandé si cette loi était encore en vigueur : les avis sont partagés sur ce point. On a dit qu'elle avait été abrogée par la loi du 30 ventôse an XII, qui ordonne la réunion en un seul corps des diverses lois qui forment aujourd'hui le Code civil ; mais cette loi n'abroge que les lois antérieures relatives aux matières régies par le Code. D'ailleurs un décret du 16 mai 1807 ordonne la publication de la loi du 11 ventôse an II, dans les départements transalpins alors réunis à la France. D'autres auteurs la considèrent comme abrogée par la paix de 1815. C'étaient, disent-ils, une loi de circonstance, dont les effets ont dû cesser avec les guerres qui l'avaient fait porter. Enfin, on a soutenu qu'elle avait été abrogée par la loi du 13 janvier 1819, sur les militaires absents. Il n'en est rien : la loi de ventôse est une loi absolue et perpétuelle dont le temps d'application n'a pas été limité. La loi de 1817, au contraire, s'occupe des formalités à suivre pour constater et déclarer l'absence des militaires et marins qui ont disparu depuis le 21 avril 1792 jusqu'au 20 novembre 1815 ; elle ne régit pas la première periode de l'absence, qui reste incontestablement sous l'empire de la loi de ventôse an II, laquelle devra encore être appliquée aujourd'hui, s'il y a lieu.

II. *Loi du 6 brumaire an V.* — Cette loi prescrit la nomination d'un conseil officieux chargé de consulter et de défendre gratuitement, sur la demande des fondés de pouvoir, les affaires des défenseurs de la patrie (art. 1). Elle suspend à leur profit, durant tout le temps de la guerre, toute prescription, expiration de délai et péremption d'instance (art. 2), et ne permet que sous caution de rapporter l'exécution des jugements prononcés contre eux ; encore ne peuvent-ils donner lieu à aucune expropriation ni dépossession (art. 4 et 5). Enfin elle place leurs propriétés sous la garde de la foi publique et sous la protection des communes (art. 7)

§ II. — *Lois postérieures au Code Napoléon.*

I. *Loi du 21 décembre 1814.* — La loi de brumaire an v, loi essentiellement temporaire, expirait naturellement après la paix générale du 30 mai 1814 ; mais une loi du 21 décembre de la même année prorogea jusqu'au 1er avril 1815 les délais qu'elle accordait : elle a dès-lors cessé d'être en vigueur.

II. *Loi du 13 janvier 1817.* — De 1792 à 1815, la France avait eu à soutenir des guerres perpétuelles. Beaucoup de militaires avaient disparu ; de là une grande incertitude dans la propriété, incertitude à laquelle il fallait remédier par des mesures spéciales. Déjà une ordonnance royale du 3 juillet 1816 avait fait pressentir les dispositions de la loi de 1817. Le but de cette loi est de rendre plus facile à obtenir la déclaration d'absence. Elle peut être demandée *hic et nunc* par les héritiers du militaire, pourvu que celui-ci ait disparu avant le 20 novembre 1815, sans observer les délais prescrits par les articles 121 et 122 ; elle peut être prononcée après deux ans sans nouvelles si l'absent servait en Europe, après quatre ans dans le cas contraire (art. 4), sans distinguer s'il a laissé ou non une procuration (1) ; les enquêtes exigées par l'article 116 du Code ne sont que facultatives pour le tribunal. Enfin, la preuve testimoniale du décès peut être ordonnée, s'il est d'ailleurs prouvé par toute voie légale

(1) Seulement dans le cas où le militaire aurait laissé une procuration, les envoyés en possession seraient tenus, s'il reparaissait, de lui restituer la totalité des fruits perçus pendant les dix premières années de l'absence.

qu'il n'y a pas eu de registres ou qu'ils ont été perdus (art. 5). Ce n'est pas là, comme on l'a dit, une dérogation au droit commun, mais l'application pure et simple de l'article 46 C. N.

La loi de 1817 n'étant relative qu'aux militaires disparus avant le 20 novembre 1815, ceux qui ont pu disparaître postérieurement restent soumis au droit commun, c'est-à-dire : 1° aux dispositions de la loi de ventôse pendant la présomption d'absence, s'il s'agit de successions ouvertes à leur profit depuis leur départ; 2° quant aux biens qu'ils possédaient avant leur départ, et dans tous les cas après l'absence déclarée aux disposition du Code.

POSITIONS.

Droit Romain.

(MATIÈRES DE LA THÈSE).

I. L'esclave du captif peut acquérir par usucapion les biens qu'il a achetés *ex causâ peculiari*, même postérieurement à la captivité de son maître, soit que celui-ci revienne, soit qu'il décède chez l'ennemi.

II. Si le père et le fils impubère institué par lui ont été pris successivement et sont morts chez l'ennemi tous les deux, le substitué pupillaire ne peut se prévaloir de la substitution faite à son profit.

III. Le transfuge ne jouit pas du *postliminium*, à moins que ce ne soit un esclave, *même statu liber*, pourvu que dans ce cas la condition sous laquelle la liberté lui a été accordée ne soit pas accomplie pendant qu'il était chez l'ennemi.

IV. La captivité de l'un des époux brise le mariage ; le conjoint peut, même à l'époque classique, contracter immédiatement une nouvelle union ; *nec obstat* loi 6, *de divort. et repudiis*, qui a été remaniée par Tribonien pour la faire concorder avec le droit nouveau.

V. Le *redemptor* peut valablement affranchir l'esclave *redemptus*.

(MATIÈRES ÉTRANGÈRES A LA THÈSE).

VI. Le fils de famille qui a emprunté malgré le sénatus-consulte macédonien est obligé naturellement : s'il a donné un fidéjusseur, ou si un tiers a hypothéqué son bien à cette dette, le fidéjusseur et le tiers sont ils obligés? — Il faut distinguer.

VII. La loi 68 *de hei vindicatione* n'est pas interpolée, et par conséquent, sous le système formulaire, le *jussus judicis* pouvait être exécuté *manu militari*.

VIII. Le cas unique prévu par le § 2 aux Institutes : *De actionibus*, où celui qui possède jouera le rôle de demandeur, est celui du possesseur poursuivi par l'action Publicienne, et opposant l'exception *justi dominii;* il doit prouver qu'il est propriétaire.

IX. La doctrine contenue dans les lois 41 *de Rei vindicatione*, et 29 *de mortis causâ donationibus*, sur le retour *ipso jure* de la propriété par l'effet de la condition résolutoire, n'était pas admise en droit romain.

X. Lorsqu'un débiteur a hypothéqué à l'un de ses créanciers ses biens à venir, et à l'autre un bien déterminé, dans le cas où il en deviendrait propriétaire, cette condition se réalisant, les deux créanciers ne concourront pas sur le bien ainsi entré dans le patrimoine de leur débiteur; mais on suivra la règle : *Prior tempore potior jure*.

Droit Français.

(MATIÈRES DE LA THÈSE).

XI. Les cohéritiers présomptifs envoyés en possession provisoire ne peuvent se contraindre réciproquement au rapport des dons qu'ils auraient reçus de l'absent, sans clause de préciput; ils ne peuvent non plus agir contre les donataires entre vifs, pour faire rentrer les libéralités excessives dans les limites de la quotité disponible.

XII. La femme présente, qui a opté pour la continuation de la communauté, ne peut faire à elle seule que les actes d'administration.

XIII. Tout héritier de l'absent, quel qu'il soit, peut, dans les trente années qui suivent le décès prouvé, réclamer les biens, même entre les mains des envoyés définitifs.

XIV. Le délai de trente années accordé aux descendants de l'absent par l'article 133, pour réclamer les biens, même après l'envoi définitif, n'est pas un délai préfixe, mais une véritable prescription.

XV. L'absent peut être représenté par ses enfants dans les successions qui admettent le principe de la représentation.

XVI. Les actes de disposition émanés de l'héritier apparent ne sont pas opposables à l'absent de retour.

(MATIÈRES ÉTRANGÈRES A LA THÈSE).

XVII. Le défaut de transcription de l'acte de célébration d'un mariage contracté à l'étranger ne le rend point nul. La sanction de l'art. 170 consistera, dans une difficulté plus grande, pour les époux à prouver leur mariage.

XVIII. Les constructions faites par l'usufruitier sont régies, non par l'art. 555, mais par l'art. 599; le propriétaire a le droit de les garder sans rien payer à l'usufruitier.

XIX. Le légataire particulier d'un immeuble hypothéqué peut recourir contre les autres colégataires d'immeubles hypothéqués à la même dette et même contre les cautions.

XX. Le préciput est une convention de mariage et non une libéralité.

XXI. La revendication accordée par l'art. 2102-4°, au vendeur non payé d'effets mobiliers, n'a d'autre but que de réintégrer le vendeur dans la possession de ces effets et n'anéantit pas le contrat de vente.

XXII. Le jugement étranger a force de chose jugée en France ; il ne lui manque que la force exécutoire.

Procédure civile.

XXIII. Les juges peuvent accorder des délais lorsque le créancier agit en vertu d'un titre exécutoire autre qu'un jugement.

XXIV. La signification d'un jugement peut être faite au domicile élu dans la convention.

XXV. La tierce opposition n'est pas la mise à exécution forcée de l'art 1351 Code Napoléon, mais une véritable voie de réforme, une opposition apportée par un tiers à l'exécution d'un jugement qui ne peut, en droit, être invoqué contre lui, mais qui, en fait, peut lui nuire.

Droit criminel.

XXVI. En principe le juge pénal peut statuer sur les questions préjudicielles qui s'élèvent devant lui, lorsqu'une disposition spéciale n'attribue pas compétence à une autre juridiction.

XXVII. En cas d'épidémie, l'autorité municipale peut requérir l'assistance professionnelle des médecins.

XXVIII. Lorsque la pénalité infligée à certains crimes s'aggrave, non à raison des circonstances qui ont accompagné le crime même, mais par suite d'une qualité personnelle à l'auteur du crime, le complice ne doit être puni que des peines portées d'ordinaire pour ce crime.

Droit administratif.

XXIX En matière de dommages permanents causés par les travaux publics, l'autorité judiciaire est compétente pour régler les indemnités, et non le conseil de préfecture.

XXX. Les petites rivières appartiennent aux riverains.

XXXI. Le jugement qui prononce la rescision pour cause de lésion donne lieu à un second droit de mutation.

Droit commercial.

XXXII. Si le mari ne peut habiliter sa femme à faire le commerce, l'autorisation de justice ne peut suppléer celle du mari.

XXXIII. Une société n'est pas dissoute par sa propre faillite.

XXXIV. Un seul créancier à l'égard duquel il y aurait eu inexécution du concordat ne peut en demander la résolution.

Histoire du Droit.

XXXV. La *litis contestatio* à toute époque avait lieu devant le préteur, elle existe encore sous la procédure extraordinaire.

XXXVI. La première idée du ministère public nous est donnée par le droit romain; mais ce n'est qu'au moyen âge que cette institution s'organise et se développe.

XXXVII. L'affranchissement des communes n'est pas l'œuvre unique de la royauté, mais elle y concourait toujours.

Droit des Gens.

XXXVIII. L'ordonnance de 1485 n'abolit pas les lettres de représailles, mais retire au parlement le droit de les délivrer.

XXXIX. Les actes d'administration faits pendant l'occupation d'un pays par la nation conquérante sont valables malgré la résolution de la conquête, quant aux jugements, il faut distinguer.

XL. Une femme étrangère, bien que légalement divorcée dans son pays, ne peut contracter en France un second mariage avec un Français.

Vu par le président de la thèse,	*Vu par le doyen,*
VUATRIN.	C. A. PELLAT.

Permis d'imprimer,

Le Vice-recteur de l'Académie de Paris,

ARTAUD.

TABLE

Droit Romain.

De captivis et postliminio et redemptis ab hostibus (XLIX, 15. D).

Droit Français.

Des effets de l'absence relativement aux biens que l'absent possédait au jour de sa disparition et relativement aux droits éventuels qui peuvent lui compéter. (Code Napoléon, livre I, titre IV, ch. III, sect. I et II, art. 120, 124 à 138 et 140.)

4082 Paris, Imprimerie et Lithographie Renou et Maulde, 144, rue de Rivoli.

ERRATA.

Page 11, note 2, ligne 11. Au lieu de : *transférer*, lisez : *retransférer*.

Page 15, ligne 15. Au lieu de : *ajud*, lisez : *apud*.

Page 22, ligne 9. Au lieu de : *continuer*, lisez : *confirmer*.

Page 30, note 3, ligne 1. Au lieu de : *codicellorum*, lisez : *codicillorum*.

Page 97, ligne 11. Au lieu de : *présence*, lisez : *personne*.

Page 111, ligne 15. Au lieu de : *des mariages*, lisez : *du mariage*.

Page 144, ligne 21. Au lieu de : *peuvent être demandés*, lisez : *peut être demandé*.

Page 170, ligne 20. Au lieu de : *succession directe*, lisez : *succession dont*.

Page 180, ligne 12. Au lieu de : *le possesseur de bonne foi*, lisez : *le possesseur de mauvaise foi*.

www.ingramcontent.com/pod-product-compliance
Ingram Content Group UK Ltd.
Pitfield, Milton Keynes, MK11 3LW, UK
UKHW012025240726
13965UKWH00002B/580